大学生法治认同度调查和提升路径研究

舒 畅 ◎ 著

中华工商联合出版社

图书在版编目（CIP）数据

大学生法治认同度调查和提升路径研究/舒畅著
. --北京：中华工商联合出版社，2021.9
ISBN 978-7-5158-3106-0

Ⅰ．①大… Ⅱ．①舒… Ⅲ．①大学生-社会主义法制
-法制教育-研究-中国 Ⅳ．①D920.4②G641.5

中国版本图书馆 CIP 数据核字（2021）第 181310 号

大学生法治认同度调查和提升路径研究

作　者：舒　畅
出品人：李　梁
责任编辑：于建廷　王　欢
封面设计：童越图文
责任审读：傅德华
责任印制：迈致红
出版发行：中华工商联合出版社有限责任公司
印　刷：北京毅峰迅捷印刷有限公司
版　次：2022 年 1 月第 1 版
印　次：2022 年 6 月第 1 次印刷
开　本：170 mm×240 mm　1/16
字　数：210 千字
印　张：11.5
书　号：ISBN 978-7-5158-3106-0
定　价：58.00 元

服务热线：010-58301130-0（前台）
销售热线：010-58301132（发行部）
　　　　　010-58302977（网络部）
　　　　　010-58302837（馆配部、新媒体部）
　　　　　010-58302813（团购部）
地址邮编：北京市西城区西环广场 A 座
　　　　　19-20 层，100044
http：// www.chgslcbs.cn
投稿热线：010-58302907（总编室）
投稿邮箱：1621239583@qq.com

前　言

　　现代制度设计与传统、落后的观念性法律文化相冲突，生活中不少人抑或是相当一部分人还是局限于以行政行为为主导的工具主义法律思维，主要表现在：首先，法与制度是治人的，缺乏现代民主性的规则意识，易于落入机械主义的人治思维，以为严格执行制度就是法治了，甚至对人严格执行法纪、对己宽缓纵容。早在第二次世界大战以后，英国最著名的法官和享有世界声誉的法学家之一阿尔弗雷德·汤普森·丹宁（Alfred Thompson Denning）勋爵主张法官应根据公正的原则，结合案件发生的具体情况灵活地解释法律，而不必拘泥于法律本身。丹宁的这些主张对于今天我们正确理解和认识法治依然是很有启发意义的。伴随着依法治国基本方略的深入人心，值得庆幸的是越来越多的人已经认识到人性执法、保障人权才是法治的价值理念核心所在，这正是今日之法治与中国历史上著名的商鞅变法时代不断积淀下来形成的所谓法治之区别的根本所在。其次，法是追求威严的，依法治国的推演就是依法治省、依法治市、依法治县、依法治乡、依法治村、依法治企、依法治水、依法治校。其中依法治校的思维模式极度盛行，质疑与反对依法治校提法的呼声微弱。实践调研中，社会民众对依法治国基本方略普遍表示点赞，同时，相当部分民众对依法治校的具体提法表示一种不理解、不认同，当然还有一部分人包括名牌大学的法理学博士依然持有"既然领导这么提了，我们质疑也不好"的惯性思维。法治价值在推演中悄然消除殆尽，重新回归人治思维的旧时代，实质上是披着法治的外衣，实践着人治之根深蒂固的传统做法。

　　当前，中国的法治建设正经历着深刻变革和历史转型，当然也已经取得了令世人瞩目的成就。但是，如何彻底、全面、顺利转型，如何充分克服前进道路上的不利障碍，尤其是如何引导广大民众真正走向法治，还是一个较为现实的问题。当代大学生到底是因为什么认同法治？他们对法治认同到什么程度？这一追寻契合了依法治国方略的实施，与社会发展和民主政治的时代方向一致。当代大学生的法治认同状况，恰是整个社会民众法治认同状况的集中体现和反映，反思当代大学生的法治认同，必须以整个社会发展历史过程中的法治历史和法治类型为基准，才能做到对当代大学生的法治认同进行科学考察和准确界定。

本书由湖北工业大学工程技术学院舒畅著。在写作过程中，作者参考了部分相关资料，获益良多。在此，谨向相关学者师友表示衷心感谢。

由于时间仓促，书中难免存在不足和疏漏，敬请读者不吝指教。

作者

2021 年 5 月

目　录

第一章 绪 论

第一节 研究概述

由于个人学习与工作经历，我常常会被问及关于法律和法治的问题，也会时常冥想苦思，公众对法治是持认同态度还是质疑的态度？正如美国当代政治学家亨廷顿所言：每个人都有多种认同，它们可能会互相竞争或彼此强化。公众的法治认同只是其中一种来自现实和社会需求的认同，公众对法治认同到什么程度？公众到底是因为什么认同法治？到底是因为法律职业的魅力诸如律师能够赚大钱，还是因为法律的传统权威诸如法官的崇高地位？一位法律院校法律专业的大学毕业选调生的困惑——挂职村党支部书记助理两年后的选择反映了什么问题？一位法律院校法律专业的大学毕业生曾经对我谈起在选择上的困惑，两年的选调生涯，基层挂职村党支部书记助理之后面临一个选择：要么去基层人民法院、区人民检察院当法官、检察官；要么去基层党政机关做政府公务人员。困惑在于是当法官、检察官好，还是做政府公务人员好？这位大学生一度非常纠结。但其不经意间代表了一种社会对法治的认同度，而且是法律专业人士对法治的认同度问题。法治认同来源于法律职业的魅力吗？法律的实务性价值——能够处理法律实务对于公众的法治认同到底能起多大作用？在一次学术报告研讨和交流会上，一位政治学专业的专家曾经讲道：所有社会矛盾问题都不能走法治，上法庭伤感情、代价高。这句话是在特定情境下为了突出某一领域的专业问题谈到的。但是作为聆听者，笔者个人却陷入一种沉思，是否很多人都有这样的感受呢？民众对走法治的理解都是限于上法庭吗？法治是这么刻板吗？法治没有柔性力量的感染力吗？如果大家对走法治道路都是这种认识和印象的话，法治认同岂不是会遇到相当大的社会阻力和观念层面的负面影响？这些观点是一种关乎法治理念或法治认同的问题，这些都是我想去系统研究并努力找寻到一个满意答案的问题。不论答案是否会满意，起码激起了我的探求欲望。尤其是在今日之中国，在宏大的依法治国时代背景下，这一追寻也暗自契合了社会发展和民主政治的潮流，使我倍增底气和勇气，也有了一丝"道路"自信和"制度"自信。这里的"道路"自信是追寻法治精神、探讨法治认同的研究与学习的道路自信；这里的"制度"自信是对于选择法治、认同法治、法治成为方圆与规则的制度自信。

马克思主义法治观中国化的最新成果，就是形成了中国社会主义法治观，它是揭示人类政治法律发展及其规律的观念总和与理想状态，是对人类法治原则和法治建设的终极关怀，是中国特色社会主义理论体系的重要组成部分。法治观实质主要涉及人们对法治的认同观念问题，在我接触的人群中，很多人尤其是大学生或者学生的家长们对于法的实务性产生浓厚兴趣，由于职业关系，我所接触的社会各类人都对法表现出了越来越多的期盼和渴望，甚至有的大学生因此而选择或者重新选择法律作为自己一生从事的职业，表现出了对法律和法治的极大爱好和高度认同，这也给我从事大学生思想政治教育工作带来了极大的便利。因此，这个选题结合了个人在实际工作中的思考、感悟。我个人在硕士研究生期间主要是进行法学专业的学习，同时对马克思主义基本理论、思想政治教育、政治学比较感兴趣。关于当代大学生法治认同的问题研究要涉及法学、政治学、思想政治教育学等学科的专业知识，在高校参加工作后一直从事法律课程教学、大学生思想政治教育工作，以及青少年法律实务工作，所有这些决定了我一直有研究大学生法治认同问题的浓厚兴趣，也非常希望增强对大学生思想政治教育工作的针对性、指导性。大学生法治认同问题研究这个选题使我的思考研究在原有知识积累基础之上，得到了进一步丰富、拓展和提升。

龚廷泰教授在《法治文化的认同：概念、意义、机理与路径》一书中提出：法治认同一是指主体间在平等基础上的一种相互承认，二是一种重叠共识，是民众认知的最大公约数。在《当代中国的法治认同：意义、内容及形成机制》一书中，李春明、张玉梅认为：法治认同是指公众对制定的良好的法律的普遍认可和接受，是指公众通过实践经验和理性对法律进行评判，因法律顺应民众的价值期待、满足民众的需要，民众从而认可法律、尊重和信任法律、愿意服从法律的过程。饶世权在《如何提高法治政府建设的公众认同》中提出：法治政府建设的公众认同是指公众对法治政府建设和自身利益、需求的一致性做出肯定性评价，即公众理解法治政府建设是对自身利益的确认和保护，从而认可法治政府建设，并采取自愿合作的态度。周光权在《公众认同、诱导观念与确立忠诚——现代法治国家刑法基础观念的批判性重塑》中分析了刑法认同的内涵，认为刑法认同是指公民对犯罪与刑罚之间必然的、适当的对应关系的确信和对刑法在划定国家权力和公民权利界域中的能力的期待，以及对依刑法而作出的解决社会冲突的结论的服从和尊重。陈玉祥在《法治原则认同与国家软实力》中提出了法治原则认同是提升国家软实力的制度基石的鲜明观点。李春明博士还进一步对法治认同的分类进行了归纳概括，他认为从公众对法治的功能认知的角度，法治认同可分为工具性认同和价值性认同；从公众与法律的关系的角度，可分为义务性守法认同和权利性的用法认同；从公众在法治建设中的地位来看，可以分为客体性法治认同和主体性法治认同。

法治认同是法学界的一个新的研究增长点，而且一经提出就得到了广泛认同，因为在传统约束迅速松弛的情况下，法治的底线防守和约束就成为这个社会至关重要的稳定器。法治是现代民主国家的最重要特征和不二选择，称得上是现代民主国家的底色，法治还是现代国家治理的根本依赖。传统中国伦理道德的约束在社会转型期日渐暴露出不适应和难以应对的局势，不仅从民众的心理和行为上难以再拥有昔日的辉煌和大一统的高度认同，而且从国家与社会的整体视域看，法治顺应了社会发展的历史脉络趋势，能够有效改变中国历代政权和政治传统中自上而下层层约束控制的模式，能够让人们适应从下而上进行观察和治理社会的需要，因为这种法治模式适应了权利制约权力的民主潮流。从这种意义上讲，法治认同适应了当今中国社会发展和社会转型期的战略需要，法治认同从文化形态、心理意识、精神价值的理性层面到实践行为、制度规范、治理范式的经验层面都有重大战略统摄，是国家和公民个人的相互体认和重叠的交叉共识的需要，因此，法治认同的基本含义阐释中除了公民的文化认可、尊重、服从之外，还应当包括国家对法治战略的选择、尊重、信赖和一体遵行，法治认同具有顺应世界民主发展的潮流和提升国家文化软实力的重大战略价值和战略影响。

李春明博士在《以法治认同替代法律信仰——兼对法律不能信仰论题的补充性研究》中指出：多因素互动：影响当代中国法治认同形成的相关社会因素——市场经济对法治认同的形成有决定性作用；对人们正当利益的承认和维护，是法治认同形成的现实基础；政治的秩序性、民主性、合法性，与法治认同的形成密切相关。李春明还在《人民社会视角下当代中国法治文化认同》中进一步提出：为了促进法治文化认同，我们要完善市场经济体制，培育社会中间组织和社团组织，促使人民社会主体的形成和壮大。李翔在《对现行正式法文化属性的一种反思——以当代中国民间习惯法的情理观为出发点》中认为我国现行正式法应彰显情理，表征其文化属性——这是民众认同法治的重要心理根基。亓同惠在《法治中国背景下的契约式身份：从理性规制到德性认同》中认为：法治以由内而外、相互认同的姿态重构法治背景下的心理、伦理和身份。喻名峰在《法治认同的理论辨析与路径探索》归纳分析了三条路径：①加强执法司法的公平正义；②建设法治化的小共同体促进社会的法治认同；③法治认同需要法治理念教育。武晓婕在《〈思想道德修养与法律基础〉课教学中大学生法治认同观念培养路径探析》中提出四点关于大学生法治认同观念培养路径：①培养大学生的平等精神和科学理性精神；②培养大学生对政治制度的认同意识；③培养大学生的自主意识和权利义务意识；④培养大学生的规则意识。孙保全在《边疆治理视野中的法治认同问题》分析了边疆社会治理过程中的法治认同建设的基本路径是：首先，制定良法是法治认同的前提；其次，在政治社会化过程中传播法治观念；再次，构建法治化的边疆治理方式。卢建军教授著《法治认同生成的理论逻辑》（法律出版社，2014年10月）：从法治认同主客体关系为视角，阐述了法治认同客体与主体双向互动过程；运用主体间性理论为方法论工具，探析了法治认同的生成机理。

笔者赞同李春明博士提出的多因素互动这一观点，当代法治认同的生成机制是一个动态、复杂而多角度考量的平衡机体，既有理念、心理因素的内在价值层面，也有外在环境影响的软件建设，还有制度实践的形成和熏陶，就像很多人认为生产假冒伪劣食品是一个缺乏信仰的无良之人的行为，从现代民主法治的角度看，笔者认为恰恰是缺乏严格的法治实践和制度认同，正是没有了基本的法治认同，才会出现不惜以身试法的无良无德行为，一个对法治有着深刻认同的现代守法公民是不会以自认为的聪明方式获取非法利益的。卢建军教授阐述的有关法治认同生成历史逻辑和社会根基分析，深入细腻，展示给我们一幅关于法治认同生成理论的深厚文化底蕴和纵向历史发展渊源的美丽画卷，昭示着法治认同理论在当代中国法治建设中的巨大影响力和强大生命力。

李春明博士在《传统法治文化与当代中国公众的法律认同》一书中提出：我们做好全社会的现代法治启蒙工作，克服传统法治文化消极因素的影响，充分吸取和利用传统法治观念中某些体现法治精神和原则的有用资源，促进当代公民法治认同形成。刘立明在《民间法与农村社会的法治启蒙》提出：只有积极地吸收民间法的合理成分，并通过对民间法的借鉴进行合法性重构，才能形成乡土社会对于现代法治的普遍信任。龚廷泰教授的《法治文化的认同：概念、意义、机理与路径》提出：没有对法治精神文化的认同，国家法治不可能真正得到有效的实施。李春明博士的《人民社会视角下当代中国法治文化认同》，该文认为社会提供了法治文化认同的经济基础，培养了多元化的法治文化认同主体，有利于使法治获得社会公众理性、全面的文化认同。法治精神与法治文化是当代法治认同的灵魂，这种影响是一种刻进骨头融进血液的基因式影响，带有遗传的气质和魅力，甚至可以说是根深蒂固的，当然也是可以修正的，但是其产生的实际影响力不容小觑。传统法治文化给当代中国民众留下来的深刻烙印是一时难以完全打磨消除掉的，随时随处可见传统法治文化的历史痕迹。人们内心深处依然留有传统法治文化的思想理念，带着固有的观念来审视今天的法治方略。因此，在实施依法治国方略的今日中国，从法治的宏大背景和视域下研究当代的法治认同问题，要特别注意趋利避害，充分注意到传统法治文化(包括民间法)的固有凝阻力、特有号召力和极富感染力对于法治认同的重大影响。

李晖在《法律·法制·法治——公民的法律意识与法治认同》中指出：法律

意识不仅仅是人们对现行法律所持的观点、知识和心理态度，更重要的是人们对法律的信仰程度，公民的法律意识和法治认同，对于我国社会的进步与发展，具有重要的意义，应作为法律心理学研究的重要问题。刘江翔在《生态文明建设的法治维度及其认同》中认为生态文明建设的法治维度认同既要从国家层面由上而下启动法治建设，又要从公众的法律认知、法律情感、法律理性入手，强化公众参与法治建设的法律认同。公民法律意识即公民对于法律的认知，与法治认同都属于法治建设的内生动力层面，尽管法律意识可以对公民的法治认同产生极为重要的影响，甚至有人认为可以从广义上让法律意识包含法治认同，但二者不能完全等同，仔细区分来看，法律意识更多是心理学层面的内隐式观点、思维或者态度，法治认同却是一种从内在到外显的历程，进而会反映到公民的法治行为上来。当然，从培育和提升公民的法律意识入手可以增强公民的法治认同，引导公民的具体法治实践并形成稳固的思维理念和持久的内心确信。从这种视域角度看，法律意识和法治认同是两种有着天然密切关联的有关法治和法律的事物，法治认同必然需要培养深刻的法律意识，没有深刻而全面的法律意识是不可能生成强烈的法治认同感的；反之，产生了强烈的法治认同，并且能够内化为一种不自觉的心理习惯和定势，再外化为一种自觉的具体实际行动，必然是能够生成一种全面的法律意识的。法治认同与法律意识在观察人们行为的角度上看是互为表里的，从研究心理和主观性思维与认识的角度看，两者具有一定的互补性和同质性。因此，我们完全可以运用到大学生的思想政治教育当中来，在传统注重培养大学生法律意识、进行法制教育的基础上，加强依法治国的理念教育，努力培养大学生法治思维，教育大学生学会运用法治思维和善于运用法治方式来规范个体行为、处理法律纠纷，并且学会运用法治方式和正当手段来保护自身和他人的合法权益。如果从事大学生思想政治教育工作的教师，能够充分认识到法律意识和法治认同的重要性及其价值影响力，能够做到运用法治思维和法治方式在大学生中进行广泛的思想政治教育，那么法律意识和法治认同将能够进一步增强大学生思想政治教育的实效性，这种效果将是非常明显的。

沈瑞英在《确立法律信仰》一书中提出：从法治的形成与发展来看，法治成熟的重要标志应是公众对法治的普遍认同和信仰，是法治的要求成为公众遵纪守法的自觉行动，是法治成为国家核心力量的重要组成部分。张永和在《法律不能被信仰的理由》一书中指出："法律信仰"一词混淆信仰与权威的界限，在中国当前并不适合，是一个伪命题。赖建东在《法律信仰命题的交锋、探源与出路》中认为：关于法律的信仰问题经过了十几年的讨论———从肯定和倡导到反思与批判，忙碌了二十多年，结果似乎又回到了原点，没有取得实质性进展。李春明、王金祥在《以法治认同替代法律信仰——兼对法律不能信仰论题的补充性研究》中明确提出：法律信仰不适应中国，我们应该用法治认同代替它，而且总结归纳了用法治认同代替法律信仰的优势和特点，诸如比法律信仰更具理性和国情适应性，"认同"一词比信仰更能显示法治对于公民主体的价值意蕴和人文关怀。由上可以看出，关于法律信仰，存在着"法律应当被信仰"和"法律不能成为信仰的对象"两种截然不同的学术观点，而且双方谁也不能完全说服对方，或许两大阵营在相当长一段时期力量悬殊，甚至一度出现一边倒的趋势，但毕竟双方都在发展进步，似乎对法律信仰持怀疑态度的人们进步更大一些，这一阵营的自信在一点一点积累中得到了增强。认同有着深层的哲学根基，它的核心就在于同一性与差异性的辩证关系。认同最初在心理学领域得到较为深入细致的研究，当然在社会学领域中运用也是比较早的，后来逐渐被政治学、哲学诸种学科领域拿来研究和使用。如前所述，法学、思想政治教育领域使用"认同"一词相对较晚，但是法治认同一经提出，便得到了比较广泛的关注和研究，尤其是在法治中国建设征程中，今天看来如雨后春笋，充满了朝气和活力，而且颇有后起之秀的意味。学者们从不同的角度探讨了法治认同的特性和趋势。指出了法治认同的优势和潜质，因此，我们完全有理由认为法治认同比法律信仰将更具有生长力，尤其是在当前学术界关于法律信仰的争论愈加难以调和与平息的背景下，对于破解当前我国依法治国征程中出现的法治理论和法治实践研究的双重难题具有非常重要的现实意义。

孙保全的《边疆治理视野中的法治认同问题》，该文提出了边疆地区异质性的社会形态，是导致法治认同问题生成的根本性因素，边远、复杂、贫困、特殊是异质性社会形态的具体表现。吕朝辉在《论边疆法治文化认同建设的障碍与路径》一书中指出：法治文化认同建设必须历经外部输入（宣传和教化）——形式接受（不反对、不排斥）——实质认同（认可、尊重、拥护和支持）——内部自省（潜移默化地以法治文化引领、改造、优化、塑造自身的行为方式）。杨锦帆、杨宗科在《试论民族认同的法治化重构》一书中提出：将传统的心性文化纳入现代法治与民主的轨道以确立当代民族认同的基础，把德性纳入制度的框架以保障民族认同的重构，并使德性成为民主的诉求将有力地推动民族认同的实现。

边疆法治文化认同以民族风俗传统为底蕴，有其特别的疆域色彩。边疆法治文化认同尤其必须直面社会和全体民众比较敏感的宗教问题，民族问题与宗教问题交织，单纯地依赖外在强制难以奏效，同样，单纯地依靠教育感化收效亦是甚微。边疆法治文化认同要特别注意在边疆民族团结和宗教融合的背景下充分发挥法治文化认同的功效，注意发挥法治文化认同所拥有的心理同质、思想魅力和外在保障、行为规范的诸多优势与具体作用，使其获得最广泛的影响和最持久的实效。边疆法治认同的软环境建设非常必要，要充分发挥能积极促进边疆法治认同的各种有利因素的引导、鼓励、保障、规范、同化作用，诸如民主健康的政治环境、安定团结的民族向心力等正能量发挥，使边疆法治文化认同在一个润物细无声的由表及里、由外到内、由被动强制到自觉主动的大众化不断普及的过程中悄然实现。

从目前以篇名为检索项、以大学生法治认同为检索词，从中国知网上搜到的3篇论文看，对大学生法治认同问题的研究已经涉及：在某一具体领域，如《思想道德修养与法律基础》课程教学中的大学生法治认同观念的培养路径，例如培养规则意识、培养政治制度的认同意识、培养自主意识和权利意识等；从认同主客体之间的二维向度的双向规约探讨大学生法治认同的生发机理、影响因素到法治认同的构建；还有专门对新时期体育院校大学生进行的法治认同度调查和提升路径思考。从以上仅有的几篇对大学生法治认同的问题研究来看，大学生法治认同的价值意义重大，有待研究的空间范围很广阔，既需要从现实的角度进行大学生法治认同的现状和原因分析，也需要对推进大学生法治认同的逻辑进程和生成路径进行探讨，要坚持问题导向、注重理论提升，要从实践维度和理论维度进行翔实的阐释解读和剖析研究。

通过以上关于法治认同理论研究的梳理发现，学者们关于法治认同的研究时间并不算长，虽然对法治认同的研究有一批成果问世，相关著作和论文陆续出现，但研究还较为薄弱，主要集中在法治认同的基本内涵、生成机理、社会根基三大方面。不同社会群体的法治认同生成肯定会有各自特殊的机理和特性，诸如边疆民族、城市社区、农村居民的法治认同，尤其是农村城镇化过程中不同群体的法治认同问题，青年群体特别是大学生群体的法治认同都需要专门、细致的系统研究。学界对于大学生法治认同的问题研究目前数量很少，从仅有的几篇关于大学生法治认同的问题研究来看，涉及大学生法治认同实践的困境破解、新时期大学生法治认同度的调查、大学生法治认同观念的培养路径等有限的几个领域和方面。当然，大学生法治认同的问题研究需要从理论上立论，需要成熟而精深的理论指导和支撑，大学生法治认同问题也是在宏大法治社会背景下，需要多角度、多视域进行系统研究，比如，从培养大学生法治思维的角度如何形成法治认同，从民主政治共识与法治建设道路的谐调角度如何看大学生法治认同的生成，从对大学生进行法治宣传教育的视角、从提升社会权威的立意如何看大学生法治认同的生成与互动等。但同时也需要从实证研究的角度入手深入系统研究，毕竟认同的定论与否需要实证调查，需要认同主体的首肯，而不能仅仅从电脑前、书本中苦思和寻找。

第二节 研究方法

方法是人们在实践活动中必须服从的他所接触的那些事物的内在的客观逻辑，在人们的认识或实践活动中方法问题至关重要。我们带着问题去寻求相应的研究方法，这是坚持理论研究与实践运用相结合、历史考察与逻辑分析相统一的方法论原则，这样做有利于增强研究的针对性和科学性。大学生法治认同的理论与实践研究还要特别注重调查研究和数据分析，坚持实事求是的原则和精神，确保大学生法治认同的研究，既具有理论性，又具有实践性和可操作性，这就需要充分运用实证分析的研究方法。关于法律实证分析，其实是量化分析与定性分析在法学研究中的结合，正如白建军教授指出的那样：就是法律的经验研究方法，就是往返于法律的应然与实然之间的研究，就是典型和不典型法律现象的归纳过程。

一、实证调查分析方法

当代大学生法治认同的问题研究是针对大学生这一特殊群体展开的一项关于法治认同的研究，需要通过实地走访、调查或者通过设计大学生法治认同调查问卷来进行实证研究，包括对调查问卷的科学设计、发放、回收、汇总、统计、数据分析一系列实证研究与调查的具体工作需要完成。实证调查研究能够向人们展示关于研究主题的数据性支撑和佐证材料，比较易于得到民众的广泛认同感，具有直观性、可视性、生动性效果。实证调查研究或者实地访谈成为越来越多的研究者喜爱运用的研究方法，当然在这一过程中要注意确保数据的真实性、访问的有效性、样本的代表性，只有这样才能确保实证调查分析结论的真实性和可靠性。为了解大学生法治认同的真实现状，笔者于 2020 年 3 月至 6 月在驻济部分高校中进行了一次访谈调查，调查范围涉及山东大学、山东师范大学、山东财经大学、山东建筑大学、济南大学、山东青年政治学院、齐鲁工业大学、山东女子学院、齐鲁师范学院、山东商业职业技术学院、山东交通学院等 11 所高校，共访谈调查 2 000 多人次，访谈调查内容涉及法律职业认同、对待实施法治的态度、校园暴力的法治问题、国家宪法日、法治宣传、法治运用等方面的法治热点命题。访谈调查过程对于深入思考和研究当代大学生法治认同的问题起到了很好的促进作用，既掌握了第一手的资料，形成了一些非常有用的数据资料和典型案例材料，又开阔了视野、启发了思路，有了深刻的感性认识和直接体验。

二、文献研究方法

关于法治的文献较多，相关著述非常丰富，学者们从各个层面和视角对法治进行了充分全面的详尽研究。但是关于法治认同的论文著作等资料文献目前尚且不多，如前面的文献综述所言，随着依法治国方略的实施，尽管关于某一群体的法治认同文献资料还是较为缺乏，但从总体上研究法治认同这个主题的论文著作材料也逐渐多了起来，因此，大学生法治认同的问题研究要在阅读法治文献和法治认同的相关资料基础上进行论证分析，充分了解有关法治认同的研究现状、研究历史、研究内容、研究趋势等，才能做到对大学生法治认同研究的整体把握和科学把握。梳理文献是一种传统的基础性学术研究方法，这种方法的运用使课题研究者们能够具备较为丰富、扎实的理论知识，能够站在前人的肩膀上，拥有更加宽广的学术研究视野，充分吸收该领域最主要、最权威的学术观点，作为进一步进行研究的给养和动力。当然，在进行大量文献梳理的基础上，可以充分借鉴先哲的经验，找到需要进一步研究的正确方向，甚至是直接沿着先贤们指示的前进方向和铺就的前进道路不断发掘和深入论证。

三、交叉研究方法

大学生法治认同的问题研究属于跨学科研究，内容涵盖思想政治教育学、法学、政治学、社会学，甚至心理学等学科，因为认同的实质是关涉心理学的基本问题研究，最初也是在心理学领域展开的认同研究。现在我们进行法治认同研究其实涉及法律、政治学、大学生思想政治教育领域，因此，这是一项跨学科综合性研究，需要在多学科视域基础上形成一个统一的有机整体。当代大学生法治认同的问题研究做到既有利于增强大学生思想政治教育的实效性、丰富性，又要有利于增强法理学理论的应用性、操作性。

第三节　研究创新点与不足之处

一、研究的创新点

本选题在充分学习和借鉴学术界已有的研究成果基础上，对当代大学生法治认同的理论与实践问题进行了比较系统的研究，力求创新和有所突破之处主要体现在以下几方面：

1. 选题方面的创新。从笔者查询来看，仅有一篇博士论文运用主体间性理论分析法治认同生成的理论逻辑，没有全面系统地研究当代大学生的法治认同问题。推进当代大学生法治认同的理论与实践研究意义重大，对于大学生思想政治教育是一种与法治中国建设相呼应的创新和拓展，对于大学生健康成长是一种法治保障，对于法治建设是一种法治文化软实力的建构和精神价值基础与文化心理保证。因此，本书的选择具有主题内容上的新颖性。

2. 研究视角的创新。本文研究大学生的法治认同问题是从当代大学生的法治理论与法治实践相结合的角度，从马克思主义意识形态理论、马克思主义利益观、马克思主义人的本质理论等基础理论出发，从法治主体指向法治规范和法治价值，强调大学生法治认同是一种共识的结果，也是一种践行的主动过程，强调主体对法治的体悟与外化的历程。

3. 理论观点内容方面的创新。书中涉及的观点是从法治认同的理论与实践角度而言，属于这个理论之前几乎没有论及的研究领域，因而提出的观点是新的。例如，第一，关于法治认同的权威性、利益性、实践性三大基本特征的论述，以及关于当代大学生的法治认同存在法治理念误区、欠缺法治契约精神、尚未养成法治思维的论述[1]。第二，关于法治认同与思想政治教育创新的论述，在

---

[1]　张恒山. 当代中国的法治观念[J]. 理论视野，2014(11).

思想政治教育中要充分发挥法治规范的感召力和信服力，这正是法治究竟何以成为思想政治教育重要元素的底蕴和根源所在；在思想政治教育的实现中，生成精神信仰、重塑自我意识、淬砺自由个性是法治认同发挥其特定思想价值的重要维度。第三，关于法治思维与法治认同的论述，用法治思维中的丰富价值内蕴，践行社会主义核心价值观就有了底蕴和底气，也就能够为当前高校思想政治教育注入新鲜活力并有效提供价值引领；只有逐渐形成法治思维的模式①，才有可能实现通过对法治的宣传教育，达到形式上的法治认同，形式层面的法治认同是一种基本的共识，法治将成为绝大部分社会成员的时尚话语体系，言必说法治成为一种时代的主题旋律和关键词；在此基础上进一步升华才能达到实质的法治认同，这是一种默契和自觉，必然内化为一种法治的固化理念和定式行为，社会成员视遵守法治为一种必然和常态。

二、研究不足之处

人们为什么遵守法律，这个命题既是一个重大实践命题，也是一个重大理论命题，当代大学生法治认同问题研究是对人们为什么遵守法律这一重大命题的展开和局部研究，由于本人学识水平有限，尽管力求深入、全面地进行系统思考，但认识和理解的深度和层次还远远不够，本书存在的不足之处是：

1. 从整体上讲，站在基本立论的宏大视角看，无论从理论深度还是实践向度上，都还不够透彻，存在很大的不足，需要进一步探求当代大学生法治认同问题的内在逻辑性，需要系统探究当代大学生法治认同问题的基本发展阶段及其划分问题，这些都需要具备开展理论探索的极大勇气，需要一种宏大的理论视野，需要一种战略性思考。尽管在研究过程中也试图进行战略性宏观思考，但仍觉阐释非常浅薄。

2. 从具体方面讲，站在深入阐释的微观视角看，在对当代大学生法治认同问题研究的过程中，尤其是在推进当代大学生法治认同的路径选择上，尽管着力

---

① 吕廷君. 法律生长与民族复兴[J]. 法学论坛，2016，7(04).

归纳、高度概括为坚持五个维度和一个根本(五个维度即加强法治宣传教育、培养法治情感、内化价值引领、培育公民意识、养成法治思维,一个根本即参与制度实践),但这种归纳和探讨仍然显得缺乏力度,仅能看作一家之言和个人的思索探究,仅仅是一种学理性思考和学术性探究,尚不具有大众化的实践深度,更达不到应有的理论层次,尤其需要进一步从依法治国的法治实践中进行检验和提升。

3. 在对当代大学生法治认同的历史考察上,由于专门研究大学生法治认同的相关论著较少,也由于个人学时水平有限,尽管力图归纳概括,但没有能够得出一个令人比较满意的历史阶段的划分,这也是感到比较遗憾的一个不足之处。

第二章　新时代大学生法治认同

第一节　法治认同的理论概述

一、法治认同的基本含义

所谓认同，是指体认与模仿他人或团体的态度和行为，从而使其成为个人人格一部分的心路历程。认同理论原本属于心理学领域，后被学者们广泛引入政治学、社会学、哲学、民族学等学科领域，产生了一系列关于认同的研究成果，诸如组织认同、文化认同、身份认同、社会认同等，可以说是百花齐放，获得了社会与学界比较广泛的认同。在实践上，今天的法治国家、法治政府、法治社会三位一体的法治建设已经逐渐深入人心，越来越得到民众的广泛认同；在理论上，认同理论已经开始进入法治领域，成为研究法治文化的一个重要视角。为法治实践提供有益的理论概括和理论指导。

法治认同是社会主体对法治规范及其价值的普遍认可和接受，是对顺应民众价值期待、满足民众需要的法律的尊重、信任和自愿服从。因此，谈到法治认同的基本含义需要从宏观和微观的角度分别进行阐释，还需要从外在规范和内在价值的角度界定。从宏观视野上看，法治认同其实就是一种对国家发展战略的认可，是对依法治国战略的赞同和认可。然而，对法治认同的宏观改善不是一蹴而就的。而到了今天这个时代，法治自然更是一个现代国家的底色，是国家治理体系和治理能力现代化不可缺失和不可撼动的基石。要想从宏观上让广大民众树立法治是硬道理的理念，形成对法治的高度认同，既要有宏观视野，又要从微观个体着手。不仅仅是国家对于选择依法治国战略的赞同，更要让法治认同走进民众的生活，使国家政策和战略方针与民众的实际生活高度契合、相互一致。从微观个体化视野而言，主要是在法治实施和法治运行过程中，公民应该养成法治思维、培育法治意识，善于运用法治方式解决各类社会问题。公民因为具有良好的法治思维和法治意识才具备法治认同的微观基础，遇到社会问题首先想到运用法治方式解决，学会用法治的视角分析看待事情。认同具有理性特征，适应了现代社会人们对法律理性态度的要求。认同不是盲目的崇信，认同必然建立在个体思考分析的基础之上，缺乏法治思维是不可能形成法治认同的，法治本身是社会作出的理性选择，法治思维则是一种理性思维，是民众形成法治认同的思想基础。

法治认同是对法治外在规范的遵守和服从。法治是法律规范和法治价值的有机统一，对法治的认同首先是对法律规范的认同。规范是社会有效运转不可或缺的制度机制，法律体系的特色在于它的广阔范围和调节其他交往的力量。民众对法治的规范认同首先建立在一种对法治规范的情感和信任基础之上，民众相信通过法治的规范运行会得到预期的利益保护，进而自觉规范个体行为，遵从法治规范和约束。这种规范认同会发生与个体原有规范意识的冲突与整合，民众个体成长生活的差异及其法律认知水平的不同会形成个体认知的差异，法治规范的认同正是建立在不断修正原有规范意识的基础上形成符合社会法治要求的规范认同，达到社会行为层面的维度。因此，规范认同是一种行为层面的实施认同，表现为依法办事、依法行为，即便是对法治内在价值存在不同的理解，但仍然依法依规做出个体行为和社会行为。

法治认同是对法治内在价值的认可和接受。法治认同不仅仅是一种对法律规范的认同，更重要的是一种对法治内在价值的接受和内化。法治价值是法治的内在灵魂，是法治的一种精神引领和情感吸引，对法治价值的不认可、不接受，法律规范只是剩下了冷冰冰的强制了，不可能得到根本的执行和实施。从这种意义上看，即便是有了完备的法律制度体系，法治价值得不到有效认同的话，执法者和民众都不可能不折不扣地去执行和实施法治，会出现规范和价值的两张皮，说起来是一套，做起来是另一套，并不是发自内心地贯彻实施。这就是为什么即便有完善的法律制度，也未必有完善的法治建设。法治建设是一种系统工程，要去清除影响法治价值认同的诸多不利因素，达成价值观念的和谐一致与高度认同。一旦说到法律，好像给人的感觉就是公民应该恪守自己的职责和任务等。这种现象从本质上讲就是一种对法治价值的不认同，法绝不仅仅是义务和惩罚，法也绝不仅仅是一种冷冰冰的面孔，执行的严格也绝不是法的唯一面貌。从本质上来讲，法是善和公正的艺术，法的准则是诚实生活、不害他人、各得其所。因此，持有和认同这种法治价值观的理念，对待法治的态度便会截然不同，法治建设将会大为改观，遇到的阻力自然大大减少，建设速度将会大大提高。有了法治价值的高度认同，才能将法治规范真正内化为一种理念，做到内化于心、外化于行，成为一种自觉。

如果对法治认同的基本内涵做一个总结界定的话，法治认同是社会主体对法治国家、法治政府、法治社会三位一体的国家发展战略的接纳、认可和遵从，是对法治规范的遵守和服从，是对法治价值的接受和信奉，是一种将法治价值和法治规范融贯于法治实践行动的心理共识和自觉行为，构成法治中国建设的社会文化与心理基础。

二、法治认同的主要特征

(一)法治认同的权威性特征

社会凝聚的心理基础仍然是重要的。法治认同实质就是一种社会凝聚的重要心理因素，伯特兰·罗素(Bertrand Russell)所讲的那种统治的少数人当中才需要，在今天看来，从法治认同的视域看，社会需要法治认同的这种重要凝聚力，因为它是构成法治社会的重要心理要素，同时也是法治社会运行的文化心理基础，但不再是少数人当中才需要，而是一种普遍的需要、多数人的需要，这是由法治的特性所决定的。法治能够提供给大多数人所需要的除了下面所要论述到的利益保护外，非常重要的一点是，法治还能够提供一种权威性的影响力和号召力，这种权威性特征正是法治认同的重要来源和显著特性。

权威彰显的是精神上的号召和支配力量，正如徐国亮教授指出：对权威的服从是以心理与意识的认同为前提的。由此我们可以看出，权威和认同具有紧密的天然联系。权威是以某种认同为前提，而认同又会因权威而强化，从这种意义上讲，法治认同显示出比较明显的权威性特征，法治认同是因为法治本身所形成的社会权威而带有普遍性，法治的权威当然会因为民众的普遍认同而强化了其权威性。讲到权威性特征，不能不提到合法性的概念。如何才能获得公众普遍的认同和遵从，合法性是一个根本前提，而合法性是产生权威的一个重要源泉。我们回顾立法的一般历程可以窥见一斑，但凡上升到国家层面的法律都是经过立法机关的认可和正式通过，从而赋予其一种令民众一体遵行的合法性和权威性效力；立法机关的认可和正式通过往往是必须经过广泛的学理论证并面向社会民众反复征询意见与建议，甚至是立法听证会。换句话讲，立法机关的认可和正式通过往往建立在学者们的深入研究和民众的广泛参与并提出建议之上的程序。正如美国学者富勒所言：法律的内在道德要求有规则，这些规则为公众所知，它们在实践中得到那些负责司法的人士的遵循。公众因知悉而广泛参与，借助这些为公众所广泛知晓的规则，听证会即是较为典型的一例，从而提高参与度和遵从度，最终达到提高权威性的目的，这正是现代法治国家立法的正当性与合法性基础。这样的立法程序恰恰是建立在稳步推进当代民众法治认同的有效基础之上的，合法性来源于其立法程序的参与性和正当性过程，权威性因其合法性而增强。

　　法治认同的权威性特征还在于，从本质上讲，法治属于一种在全社会居于统治地位的意识形态，对此，马克思指出：占统治地位的思想不过是占统治地位的物质关系在观念上的表现。在这里，马克思强调物质关系是决定性因素的同时，也强调突出了以观念形态表现出来的、居于统治地位的思想意识形态所具有的重要作用。徐国亮教授总结得出：具有社会整合意义的、能取得共识和形成意向的、占统治地位的意识形态也是维护或保持统治合法性的重要因素①。一个社会占据主流意识形态的思想意识观念总是拥有相当广泛的民众基础，具有天然的统

----

　　① 苗金春. 法律实用主义的进路及其贡献——司法能动主义的理论渊源[J]. 学术界，2018(4).

合影响力，比较易于达成共识，与其他非占据主流意识形态、不占据统治地位的思想意识形态相比，自然会形成并拥有着无可比拟的权威影响力和认同优势。这种居于统治地位的思想意识形态因其符合时代主流特征的社会政治属性而具有较为旺盛的生机和活力，就其本源上来讲是一种政治性权威，更是一种法理型权威。说它是一种政治性权威，是因为这种居于统治地位的思想意识形态必然是符合掌握了国家政权的统治阶级意识形态需要，是一种国家政策上的选择与宣传教育使然，是一种符合人类社会历史发展规律的必然选择，当然是一种传统权威和现代权威的融合。说它是一种法理型权威，是因为这种居于统治地位的思想意识形态必然符合现代法治的基本属性，会更加注重法理论证与法理逻辑，更加注重法治推理的运用，也更加符合法治民主的历史发展趋势。法理型权威是一种更能获得广泛认同的权威就在于它本身拥有合乎法理逻辑的立论基础和正当程序基础，它更加注重说理性服从而非压制型服从，它历经正当程序的洗礼与积淀，有着更加广泛的民意参与和群众基础，为法理型权威的塑造打造了坚实的正当性程序与实体基础。这种居于统治地位的思想意识形态因为其与时俱进的属性品格，使得其自身成为集传统政治权威与现代法理权威于一体的新型社会权威[①]，当代民众法治认同的权威性特征凸显其重要性，正逐渐成为法治建设运行的一种重要文化心理要素和基础环节。

作为认同客体的法治在整个社会具有普遍的最终权威性，法治本身就是一种理性的选择。众多思想家、研究者对法制到法治的研究转变历程表明，这种探索沿着权威性的塑造经历了理性慎思，引导着社会民众的认同选择。民众普遍遵守良法已经形成一种共识，是一种理性的体现。正如霍布斯所言：法律之所以成为法律，不在于其文字也不在于其每一部分的结构如何，而在于其是否符合于立法者的意向。这里的立法者代表了整个国家和整个社会，这种理性是国家智慧的体现，是国家与社会的理性，具有国家权威性。法治认同因之而具有了国家理性色彩和国家权威性特征，法治认同的权威性特征因法治的主流意识形态特色更具说

---

① 王春风. 从法律工具主义论法律信仰的缺失[J]. 法制与社会，2011(28).

服力和影响力。

(二)法治认同的利益性特征

人们为之奋斗的一切,都同他们的利益相关。法治认同与其他一切社会活动一样,本质上都无法脱离这一人类活动的基本规律。民众期待法治能够给予确定性的利益保护,既是一种现实的需求,也是一种未来的期待,民众总是对法治充满了希望,特别是权益需要保护的时候,法治成了民众寄托的希望,这一切构成了法治认同的利益基础。如果民众能够从法治中得到现实充分的保护,又充满了法治能为之提供保护的预期值,则民众的法治认同度会得到极大提高。从这种根本意义上讲,法治认同的利益性特征突出强调了法治对社会公众利益的满足与保护的重要性。它要求每一个社会成员、每一个社会群体的尊严和利益都应当得到有效维护,并且要根据社会发展变化所造成的公众新的权利和利益需求,不断增大保障范围和力度。法治成为国家和社会能够为民众提供利益保护的可信赖制度体系,这与法治本身的多元价值息息相关。法治本身意味着是一种良法之治,法治追求公平、公正,成为一种制度性规则体系,能够给民众以切实的利益保护和价值期待。一方面,法治可以为民众提供现实的合法利益保护和对非法利益打击与处罚,通过对非法利益实施打击和处罚本身就是对社会民众合法利益的有力保护,一罚一护,方能彰显法治正义;另一方面,法治能够为民众提供一种预期的利益保护期待,民众根据这种利益的设计与安排机制可以预见到行为的未来后果并调整当前的行为,这种围绕利益预期保护而自觉调适社会行为的前提就是对法治的认同。法治认同从某种意义上讲就是对法治文化的精神认同,而法治文化的这种精神认同是建立在物质利益基础之上的,并且是以利益保护和满足为实际导向的,法治认同的价值是以现实的和未来的利益保护实现作为主要内容的,当然既包括物质的利益又包含精神的利益实现。仅仅是物质利益保护或者仅仅是精神利益保护都是不能实现认同的最大化问题的,历史唯物主义辩证法从来都是注重物质利益与精神利益的有机统一。

然而,无论是物质利益还是精神利益,现代社会总是越来越精细化和专业化。呈现在人们面前的物质利益与精神利益总是多元的，各种利益彼此之间又总是存在不能完全相互协调一致的情形，甚至各种利益彼此之间是相互冲突的。我们不能不去思考和探讨，存在各种纷繁利益冲突的状况下，法治认同又是如何形成的呢？这显然为有效形成法治认同带来了障碍和困境。我们能否对各种冲突的利益提供较为周全的保护呢？在利益冲突面前，我们依据什么标准来确定利益保护的优先顺序呢？或者说对上述利益重要性的先后位序排列的依据又是什么呢？法理学与法哲学上有一种共识性的准则，生命利益至上，生命利益高于一切财产利益。其中就是一种重要利益之间的排序关系，而且是最重要利益之间的最基本排序关系。生命利益之间没有大小可以比较，但是除了生命利益之外的其他利益之间却是可以而且必须比较大小的，因此，财产权益之间是有大小比较的，这其实就是一种立法上的先后排序。刑事法律的排除犯罪事由之一是紧急避险，紧急避险的构成就存在一个利益大小的比较问题，刑事法律要求紧急避险的成立是保护一个较大的合法权益，而损害了一个较小的合法权益，这是排除紧急避险行为成立犯罪的法定事由。尽管紧急避险行为本身也对社会权益造成相当的危害，但紧急避险行为毕竟保护了一个较大的合法权益，整体上是对社会有利的行为，所以，刑事法律对这种行为是持鼓励态度的。因此，对不同利益依据一定的评价标准进行比较衡量，依靠国家立法这一权威形式对相互对立的利益进行排序调整，做出先后次序上的安排。从这种对利益的调整和比较排序出发，进而达成比较上的共识，由此可以看出，上述对利益之间的共识性比较衡量是形成法治认同的前提和逻辑起点。

如果法治能够体现尊重服务人的需要和利益，从人的需要出发，以人为目的，以人为终极关怀，那作为社会中的人自然愿意遵守它、服从它，进而产生法治认同。法治认同的这种过程是以对社会主体利益的维护和满足为基础建构起来的，法治认同本质上讲就是一种主体的心理意识，主体对法治的心理体验，尤其是对利益满足和保护与否的心理体验直接决定着法治的认同与否，这种利益性特征尤为明显，体现为法律上的权利和义务。因此，那种一谈到法治就是尽义务、负责任的心理意识是不利于法治认同的形成的，这是一种传统法治文化心理的不利影响，在今天法治中国建设的伟大征程中，研究法治认同的基本理论和实践问题，尤其要注意尽可能消除那种传统的法治心理意识。只有注意到这一点，才能突出法治认同的利益性特征，才能真正抓住法治认同的关键性要素，这种对人的终极性关怀就能建立在坚实的利益大厦基础之上，才能真正让人们产生对今日之法治的内在认同、自愿认同和持久认同。

（三）法治认同的实践性特征

法治认同是主体的一种心理体验，是一种精神意识范畴，是一种主体性认同。但是马克思主义唯物辩证法基本原理告诉我们，主客观是一对矛盾统一体，实践是理论的根基和土壤，理论的对立本身的解决，只有通过实践方式，只有借助人的实践力量，才可能实现；因此，这种对立的解决绝对不只是认识的任务，而是现实生活的任务，而哲学未能解决这个任务，正是因为哲学把这仅仅看作理论的任务。我们研究法治认同必须从法治实践中不断探索和总结分析，法治认同来源于法治实践，又会回到法治实践中去，进而巩固和产生新的法治认同。法治认同与法治实践是相伴而生的，我们绝不能把法治实践撇开去探讨研究所谓的法治认同，那将是一种空洞而苍白的探讨。从这种意义上讲，法治认同必须关注主体法治实践，或曰法治认同具有很强的法治实践性特征。

实践的态度则意味着生成性、参与性，我们要从主体性方面去理解这种参与性实践的基本过程。这种主观性的理解实质是从实践理性开始的，即由一种理性指导下的参与实践开始。在这种所谓实践理性中，法治认同的发生是以主体对于法治的感性把握和理性认知为基础的，人们对于法治及其在社会中的作用没有一点程度的了解就无从谈起对法治的承认与接受，这种了解通常是主体在日常社会生活中通过观察或亲自参与法律实践活动获得的。如果说实践理性是一种精神基础，是法治认同走向实践行动的先导，法治制度也即一种良法善治，则是这种实践性的物质基础，而法治实践丰富和发展这种实践理性，并进一步完善法治制度，是一种现实的支撑和保障。实践理性在具体的法治实践中得到提升，法治认同在法治实践中得到践行和强化。因此，实践是必需的，不可或缺的；要使实践成为一种自觉，必须在我们的具体实践中遵循和践行实践理性，以实践理性指导我们的具体实践。这种实践理性的指导和践行，使得法治的具体实践得到丰富和提升，进而形成一种认同的自觉，达到理性的实践。从实践理性到具体实践最后到达理性实践，恰是法治认同的一种实践性深化、践行和不断丰富提升的过程。

法治认同的实践性特征体还表现在主体全面性，因为法治认同的实践性不仅仅是普通民众的认同和实践。法治认同强调对于良法的遵守和服从，这种良法本身就意味着认同主体的全面性。正如在纪念我国现行宪法公布实施30周年大会上，习近平主席在讲话中指出：一些公职人员滥用职权、失职渎职、执法犯法甚至徇私枉法，严重损害国家法制权威，公民包括一些领导干部的宪法意识还有待进一步增强。因此，当代中国法治实施的状况并不尽如人意。强调法治认同的实践性特征实际上就是要首先强调公职人员的法治认同，他们的法治认同直接决定着法治的实施状况，并对普通民众的法治认同有着直接的影响。因为普通民众的法治认同来源于现实法治的实施状况，来源于公职人员的遵法履职行为的深刻影响。如果公职人员在台上口头公开大讲特讲法治严明、遵纪守法，而在私下里实际行为上却是另一套法治标准，肆意妄为，全无半点法纪意识，一个接一个沦为危害人民的"老虎、苍蝇"，这样的法治实施和法治认同带来的只能是负向影响，只能是对法治建设的阻碍和削弱。因此，法治认同的实践性特征强调在法治建设的实践中，全体公民一体遵行，没有法外特权，法治认同必须也只能在法治的理性实践中得到正向强化。党的十八大以来，坚持党要管党、从严治党的反腐实践和依法治国、依宪治国的法治中国建设的理性实践，已经充分证明了这一观点，更充分说明了法治认同的实践性特征。

法治认同的实践性特征告诉我们，法治认同将遵循历史唯物主义、辩证唯物主义的基本原理，从法治文化心理和法治精神、法治思维走向法治实践理性，并最终在具体的法治实践中，达到法治建设的理性实践层面。在此基础上，法治认同将遵循否定之否定的基本发展规律，不断呈现出螺旋式上升和进步趋势。因此，我们绝对不能把法治认同的研究仅仅当作理论的任务去完成，法治认同只能也必须在法治建设的理性实践中得到升华和提高，法治认同统一于法治建设的理性实践中去，才能具有旺盛的生机和活力。

三、法治认同的形成条件

法治认同的形成条件是指影响和作用于法治认同过程的多种因素和关系的总和。法治认同的形成是现实多种社会因素相互作用的结果，不是单一的直线过程，概括讲，法治认同的形成条件主要包括制度性条件、物质性条件、主体性条件、心理文化条件等，并且是多种因素相互作用的有机结果。

（一）良法是制度性条件，是法治认同的前提条件

法治认同的制度性前提是有法可依，要建立完善的社会主义法治体系，这是法治认同的物质基础和制度载体。正是由于全党和全国人民对建立健全法制的高度共识，改革开放以来，中国的立法进入一个飞速发展时期，创造了一个崭新的具有中国特色的社会主义法律体系。当代社会主义法治体系的基本形成成为法治认同的物质性前提条件，当然这只是一种制度性条件，并不能必然带来广泛一致的法治认同。

法治应包含两重意义：已成立的法律获得普遍的服从，而大家所服从的法律本身又应该是制定得良好的法律。早在两千多年前，亚里士多德上述关于法治的至理名言就已经强调了良法的重要性，也只有是良法，才能得到普遍遵守；恶法因其缺乏正义性，失去了让人们普遍遵守的正当性基础。良法可以培育人们对于法治的理性认识，从而避免在依法治国的进程中产生对法治的过高或者过低的评价认识。人们常说好的制度不但可以防止好人变坏，更可以使坏人变好，而坏的制度可以使好人变坏，坏人更坏，这种提法凸显了制度的重要性和能动反作用。制度与环境条件的恶劣与否虽然只是外在的条件，从哲学认识论角度讲不起决定性作用，但却构成了重要的物质性前提。

法治认同特别重视制定得良好的法律，内含着良法动态性的发展要求，指出了当代中国法治发展的着力点。当代中国法治建设需要良法规范各类社会事务，要求良法不断拓展管辖服务范围，尤其是公权力使用范围，良法要对公权力进行

有效约束。尊重公民的宪法性权利、有效制约公权力的行使正是当代中国良法发展的着力点,具体到当前法治建设,从严治党、反腐倡廉的法治实践正是建构当代法治认同的根本前提。因此,着力完善当前从严治党的党纪法规,强调党纪严于国法,构建党内法规的理论与实践体系,正逐步成为当代中国法治建设的新发力点和关键点,从而铸就当代法治认同的前提条件和根本基础。

(二)正当利益保护的实现是法治认同的关键条件

法治能否对主体的行为提供利益引导、能否给主体带来一定的效益,具有满足主体的某种利益和需要的现实物质性,直接影响着人们对法治的认同与否。法治的最大实务魅力就在于法能够为人们提供实际的利益保护,而且这种利益保护是一种可期待和可预测的实际结果。法治宣传是推进法治认同的重要途径,法治宣传可以让民众更多地知悉法治、学习法治,相对比于法治宣传,法治维权的实战能够给民众以实实在在的利益保护,这种利益保护的实际收获才是法治认同的最关键性条件。反过来讲,如果法治不能提供有效的利益保护,屡屡让需要法治保护、迫切寻求法治保护的民众一再失望的话,制定得再完美的法治体系也只能是一种纸上谈兵,反而成为不能得到认同的负能量。因此,能够为民众提供利益保护,法治有了这种品质,法治认同的关键点也就成为一种现实。法与法治是以国家强制力为实施的后盾的,但绝不能以此作为主要的甚至是唯一的依赖力量,现代法治社会更应当注重人们的自愿遵守和服从,这就要求建立在人们的普遍认同基础之上,利益保护成为法治认同的关键要素。正如波斯纳所言:服从法律更多的是一个利益刺激的问题,而不是敬重和尊重的问题。

社会治理正处于不断变革与转型时期,面临着新情况、新问题,比较突出的是人们普遍更关注自己个体的生活,同时传统社会共识少了、共识难度增加,这对于建构法治认同是一种全新的挑战,不能只看作是不利的一面,也必须辩证地看到极为有利的一面。社会共识少了,权威受到挑战,认同难度增加;人们更关心自己的生活表明个体权益越发受到重视,恰是社会转型时期人们法治意识的觉醒,法治认同面临新的机遇,权益成为构建全社会普遍法治认同的一个至关重要的发力点。因此，法治认同所需要的利益保护还应当具备下面几个基本特性：首先是公平性。公平是法治追求的永恒价值，只有公平才能具有普遍性。满足少数人的利益需求是不具有普遍性的，对大多数人来讲是不公平的，因此，从哲学角度讲，公平性与普遍性是相得益彰的，公平性奠定普遍认同的坚实基础。其次是正当性。法与法治所保护的利益必须是正当性的利益，正当性才能具有合理性，只有正当性才能是凝聚共识和认同的合理性基础。再次是大众性。大众利益应该是良法善治需要特别加以保护的利益，要让每一个社会成员都能感受到法治的阳光，任何一个社会成员都能对事关切身的利益寻求法律的平等保护。建立在公平性、正当性、大众性利益保护的基础之上，当代法治建设的着力点才能具有坚实的群众基础，法治认同的普遍形成才能找准关键点。

（三）培育法治的精神文化是法治认同的本质条件

只有法治制度的认同还不是真正的法治认同，因为这还是只停留在制度层面，没有对法治的精神文化的认同，再好的制度也不会得到有效和全面的实施，再严密的法治制度也会因为缺乏法治的精神文化而得不到认真执行。相反，有了法治的精神文化和价值认同，这是法治建设的一种灵魂，即使法治制度有许多不尽如人意的地方，也会逐渐走向完善和成熟①。从法治价值的特性和内在排序的角度来看，精神文化价值显然是更加内隐性的，处于相对更高的位阶。毕竟，法治建设的精神文化是属于信仰层面的，能够有效实现制度文化的工具性价值。精神文化是法治文化的核心，法治认同就是要发挥法治精神文化的灵魂统帅，用法治信仰和法治精神这种内在的精神文化来凝聚社会共识。精神文化是一种比物质文化和制度文化更为灵魂式的内在思想要素，人可以没有一定的物质，但不可以没有精神文化，同样，法治更应该注重法治的精神文化认同，从哲学的基本意义上讲，法治的精神文化可以决定和支配法治的制度文化，反过来，却不适用。人们对待法治制度及其案例适用的重大意见分歧往往是由于各自价值观的重大差异

---

① 胡国梁．积极守法．一个被忽视的法治维度[J]．人大复印资料《法理学、法史学》2015.

造成的，也就是不同的公平正义观念。价值观也好，公平正义观念也好，其实反映的都是一种法治时代的精神文化。理念相通、价值相同、文化相近、精神一致，这是法治发展的内在核心要素，同时更是法治认同的思想基础和本质条件。法治的精神文化实质是一种法治的理念、法治的思维和法治的意识形态，是对法治的基本理解和基本看法。现在仍然有相当一部分人存在对法治的这样和那样的看法与偏见，甚至不认可法治，其实质是缺乏法治的精神文化的一种极端表现，没有养成法治思维，缺乏法治理念，欠缺法治精神，甚至根本不会认可法治的权威。针对这样一个庞大的社会群体，要想使法治中国建设取得实效，务必要从建构法治认同开始，没有对法治的高度认同，法治建设的进程会屡受挫折。法治认同的建构又必须以法治的精神文化的培育为核心和根基，没有崇尚法治的基本理念和基本精神，没有彻底的法治思维和法治方式，法治的公平正义将成为空中楼阁，法治的精神文化将成为一句空话。因此，打造共同的法治公平正义观念、培育一种主流的法治意识形态和法治精神文化对于推进当代法治认同具有本质意义。

(四)守法主体的普遍性是法治认同的重要条件

传统的法治阶级属性表明：法是掌握在统治阶级手中的阶级统治工具，守法从来是被统治阶级的事情，即使是关涉统治阶级，那也是以危及阶级统治为必要条件的。这种传统阶级属性的守法观念造就了法治特权现象的滋生和蔓延，同时也极大地腐蚀着法治建设的公平性。当代法治中国建设的顺利推进需要培育全社会的法治认同，而法治认同的形成与当代法治建设的公平性息息相关，公平性是法治建设的根基，公平性决定着法治认同的真正形成。很难想象，没有公平性的法治会形成广泛的法治认同，可以说公平性是法治认同形成和法治建设成功与否的关键所在。而公平性首先强调守法主体的普遍性和平等性，守法主体的普遍性必然成为法治认同的重要条件。换言之，没有守法主体的普遍性和平等性，法治认同是难以达成的。

谈到守法主体的普遍性和平等性，不能不令人想到当今法治中国的法治实施状况。习近平同志曾经指出：一些公职人员滥用职权、失职渎职、执法犯法甚至徇私枉法严重损害国家法制权威；公民包括一些领导干部的宪法意识还有待进一步增强。尽管法治建设有了明显的进步，但是破坏法治的严重事件还时有发生，尤其是公职人员违法犯罪，严重损害了法治建设，因此在某种意义上讲，公职人员的守法和认同成为守法主体普遍性的首要问题。所以，从主体的角度讲，法治认同首先不是对民众的要求。公职人员的守法和认同能够对社会民众产生很好的示范效应，从这种意义上讲，公职人员的守法和认同更具现实意义和重要性，缺少了公职人员的守法和认同，守法主体绝对不能算是普遍的守法主体，法治的权威根本不可能建立起来，宪法至上、法律至上就会成为一句美丽的空话。法治权威也好，法律至上也好，宪法至上也好，在法治中国建设的进程中自始至终都会贯穿着权利对于权力的制约和限制，没有运用法治对公权力的羁束，法律的一体遵行是不可能实现的。因此，守法主体的普遍性，对于全体社会成员的法治认同更有影响力和决定性。

第二节　新时代大学生法治认同的理论基础

一、当代大学生法治认同的理论基础

（一）马克思主义意识形态理论

马克思主义意识形态理论首先深刻揭示了意识形态的阶级属性，对此，马克思、恩格斯曾经指出：占统治地位的思想不过是占统治地位的物质关系在观念上的表现，不过是以思想的形式表现出来的占统治地位的物质关系；因而，这就是那些使某一个阶级成为统治阶级的关系在观念上的表现，因而这也就是这个阶级的统治的思想。上述基本理论不仅告诉我们占据主流形态的思想的政治属性，而且就思想形式与物质内容的根本关系做了深刻阐释。马克思主义意识形态理论还

进一步深刻阐释了意识形态的社会实践属性,马克思曾经指出:思想的历史,岂不是证明,精神生产是随着物质生产的改造改造的吗?人们的观念、观点和概念,一句话,人们的意识,随着人们的生活条件、人们的社会关系、人们的社会存在的改变而改变,这难道需要经过深思才能了解吗?

意识形态历来具有突出的阶级属性,一定阶级的人们必然要运用一定的意识形态理论来论证其阶级和社会集团的利益在整体上是正当的和合法的,只有这样才能得到该阶级成员的广泛的认同和支持。马克思主义意识形态理论对于我们研究大学生法治认同问题具有很好的启发意义:

第一,大学生法治认同实质就是对法治意识形态的政治属性的认同,这是一种占据主流形态的思想、观点和意识。法治认同体现了大学生们的共同价值观,反映了他们的基本社会立场和观点态度,是当代法治中国建设的历史与现实的反映,是对法治国家、法治政府、法治社会三位一体的治国战略的体认、遵从与践行。我们要充分运用法治认同,发挥其对社会主体行为的指引、统领和教育作用,运用法治认同的意识形态属性感染、征服社会成员,发挥其在统一社会意识、促进当代法治建设、贯彻实施依法治国的战略、维护人们法治利益方面所具有的重要指导意义和引领作用。

第二,大学生法治认同既是一种心理文化范畴,更脱离不开社会实践属性。大学生法治认同将随着法治实践的改变而改变,正是法治行为与法治社会实践的直接反映。因此,我们研究法治认同绝不能为研究而研究,一定不能忽视法治认同的社会实践属性,我们要注意充分发挥法治认同在法治社会实践中的整合与凝聚功能、教育和规范功能,这样的研究视野与研究方式才能产生社会现实的效益,否则就是一种空洞的研究。反过来看,法治实践是法治认同的行为外化,是对法治认同的升华和践行,法治认同与法治实践呈现一种相得益彰的辩证关系。

(二)马克思主义利益观

马克思主义利益观认为人们奋斗所争取的一切,都同他们的利益有关。马克思主义利益观还揭示了追求利益是人类社会一切活动的根本原因,每一既定社会的经济关系首先表现为利益。马克思主义告诉我们，人的思想总是由特定历史阶段社会中的物质利益所决定，人们头脑中发生的这一思想过程，归根结底是由人们的物质生活条件决定的。马克思、恩格斯全面研究了人类社会历史进程，进而深刻揭示了人类社会历史发展的基本规律，实践告诉我们，社会发展和人民群众的社会历史活动是随着社会所创造出来的物质利益引导而不断发展变化的，掌握了物质利益就能够引导调动更多的群众参与到社会历史活动中来。马克思主义利益观所揭示的深刻社会基本原理，为我们研究法治认同基本理论与实践问题提供了很好的理论依据和重要启发①：

第一，对大学生法治认同问题的研究要确定物质利益原则。利益是认同的基础，抓住了这一点就是抓住了法治认同问题的关键之处。那种脱离物质实践的空洞法治宣教，甚至是法治恫吓是毫无意义的，不但不能产生法治认同，反而引向事情的反方向，是于事无补的。因此，我们要抓好经济工作，要充分发挥法治对于经济工作的保驾护航作用，要按照事物的一般规律、按照效益原则，赋予法治以实际的物质效益，让大学生切实感受法治所产生的实实在在的物质利益，法治认同的形成是自然而然、事半功倍的事情。

第二，我们在重视物质利益的同时，也不能忽视法治认同所特有的思想理念的重要作用。要注意把握物质利益在法治认同中的适度与平衡的问题，这一问题实质是经济工作与思想工作正确关系在法治领域的实现。我们不能唯物质利益是问，这是一种彻底的经济利益绝对论，会削弱思想认同和思想工作的重要作用；我们也不能唯思想认同是问，绝对排斥物质利益的基础作用，这是一种彻底的思想文化绝对论，会夸大思想工作和精神动力的作用。两者都是极端论调，正确的做法是在充分肯定物质利益的基础作用的同时，要注重思想建设，充分结合社会主义核心价值观，运用法治认同的精神能动作用，抵制各种腐朽思想的侵蚀，保证社会主义法治中国建设的顺利进行。

---

① 殷啸虎、朱应平.论消极法治和积极法治的互动与平衡[J].法学评论,2013.

（三）马克思主义人的本质理论

人的本质理论是马克思主义的基本理论问题，马克思指出：人的本质不是单个人所固有的抽象物，在其现实性上，它是一切社会关系的总和。这同他们的生产是一致的：既和他们生产什么一致，又和他们怎样生产一致。因而，个人是什么样的，这取决于他们进行生产的物质条件。我们理解马克思主义关于人的本质理论要注意从多个角度进行诠释，既要从现实性上又要从全面性上，还要注意从能动性深入解读，这些对于今天我们研究大学生法治认同问题具有积极意义。

第一，要在现实性上深入把握大学生法治认同的理论与实践基本问题。研究一切问题都要从现实出发，同样研究大学生法治认同的问题也要从现实的社会发展、法治建设出发，同当前法治中国建设的实际状况入手，绝不能脱离当前法治建设的实际，盲目夸大西方法治或者贬低中国的传统法治理论，要充分而现实地重视法治认同形成过程中的实际社会关系状况。

第二，要在全面性上研究当代大学生法治认同问题①。大学生法治认同问题研究是一个多学科领域综合研究的问题，从马克思主义人的本质理论出发，全面性和整体性视角要求我们，研究大学生法治认同问题要放在全面的复杂的社会关系之中去研究，诸如政治的、经济的、文化的、哲学的、法学的、社会学的、心理学的多个视角。社会关系绝不是理论中的单一化，社会关系从来就是复杂而全局性的，需要多维度多层解读。

第三，要在主体性上研究当代大学生法治认同问题。当代大学生法治认同自身是不会被动生成的，法治认同的生成取决于个人所进行的社会物质生产及其生产活动的条件。换言之，社会的物质生产及其生存状况同大学生法治认同的生成有着直接的联系，处在不同的物质生产条件之下的不同的人，对于法治的感受是不一样的。研究大学生法治认同的基本问题，要坚持人的主体性视域，尊重人的主体地位，做到以人为本，调动人的主观能动性，提升大学生法治参与的积极

---

① 李春明、王金祥.以法治认同替代法律信仰——兼对法律不能信仰论题的补充性研究[J].山东大学学报哲学社会科学版，2018(6).

性，毕竟法治认同是以主体参与为根本标志和最终目的。

二、法治认同与相关概念辨析

要深入研究大学生法治认同的基本问题，还必须对与法治认同相关的几个基本概念进行全面分析界定，以分清法治认同与法治教育、法治信仰、法治意识等相关概念之间的异同之处，便于在理论概念上理清区别与联系，做到思路清晰，论证阐释透彻。

（一）法治认同与法治教育

法治教育是指通过对公民有目的、有计划、有组织地进行依法治国方略的宣传和教育，培养和发展公民法治意识及其用法治意识指导自己行为的一种活动。相较于传统的法制教育而言，法治教育侧重于一种动态的教育，不仅仅局限于法律制度的教育，更加注重贯彻依法治国方略的实施教育，更加注重法治价值、法治原则、法治精神的教育，期望将法治内化为公民自身内在的价值追求。法治教育可以让人们全面认识法治，逐渐培养对于法治的理性态度。因此从这个角度讲，法治教育与法治认同有着密切的联系，法治认同本身包含着对法治的理性，是一种对法治的赞同、体认，对法治价值的承认、接受和尊奉。法与法治并不是全能，与其他一切事物一样都是存在很大局限性的，法治需要教育，才能让人们正确认识法治；法治教育的结果可以是法治认同，也可能是不认同，或者是一种被压服的遵守而不是信奉。法治教育可以成为法治认同的基础阶段，但二者还是有着较大的差异，法治教育可以产生法治认同，但是反过来讲，法治认同并不一定经过法治教育。法治教育更多地强调施教者向受教者的宣教、传授，是一种受动过程、被培养的过程；而法治认同更多的强调是个体或者群体对法治规范及法治价值的体悟、认可和信任、遵从，是从主体指向法治规范和法治价值，是一种共识的结果，也是一种践行的主动过程，强调主体的体悟与外化的历程。简单讲，不能把法治认同等同于法治教育。两者的内涵存在较大差别，法治认同远比法治教育的内涵丰富，法治认同包含两个方面，一是对法治规范的外在认同，二是对法治价值的内在认同。法治教育是一种法治建设的方法手段，而法治认同是文化心理根基，构成法治运行的内在精神动力。

（二）法治认同与法律意识、法治意识

到目前为止，法治意识这一概念的使用远不如法律意识这一概念使用的频次多，但是自从中国共产党十八届四中全会以后，法治意识逐渐进入人们的视野，成为使用频次较高的基本概念。夏丹波博士将法治意识界定为：公民在特定的社会历史条件下，通过参与法治实践、接受法治教育等方式，基于对法治的功能、原则、价值等知识的正确认知，而逐步形成的理解、认同、信任、支持并捍卫法治的内心立场、观念和信念。当然法治意识还有其他学者的一些不同界定，但基本上是在原来法律意识基础上进行的界定，最大的变化就是对于法治价值、功能等的认知，具有了明显的不同于法律意识的价值取向。但是无论是法律意识还是法治意识，它们的共同之处就在于都会归结为一种心理、观念和思想、信念，只不过有了具体内容的丰富和升级。

相对比而言，在价值取向上，法治认同和法治意识具有相近性，都体现了诸如：对主体价值的尊重和人文关怀、对权利的维护等法治价值；再者，法治认同和法治意识在范畴上都体现为一种文化心理属性。但是法治认同和法治意识二者之间的区别也是比较明显的，法治认同比法治意识的内涵更为丰富，体现为：法治认同既是一种结果，也是一种过程，它所表达的是公众对法治的一种赞许性态度和确认性行为，因此法治认同是一种心理范畴，但又不和法治意识一样仅仅局限于一种心理观念，它还是一种行为过程。与法治意识相比，法治认同表达的是一种动态感更强的关于法治过程的基本概念和重要范畴。

（三）法治认同与法律信仰、法治信仰

迄今为止，关于法律信仰的提法比法治认同的提法更为普遍，这当然与法律必须被信仰，否则它将形同虚设这句耳熟能详的话语有关。当然，学界也出现了很多对法律信仰进行批判的声音，法律能否信仰的观点之间分歧很大。赞同法律信仰的学者认为，法律信仰是法律知识、法律理想、法律情感、法律意志和法律评价等因素相互作用的形成，体现了社会主体对法律的高度认同，代表着社会主体自身由法治精神到行为模式的内在系统，是一种较高的意识境界。相对于法律信仰的提法，还有一些学者提出"法治信仰"一词，认为法治信仰是指主体对法治极度信服和尊重并以之为行为准则。正如陈煜律师指出的那样，法治信仰不仅仅是主体对法律的主动认同，而且崇尚法律，以法律为生活准则，以实现法治为理想。

从上面的概念可以看出，法律信仰也好，法治信仰也好，两者之间如果有区别的话就是法治信仰突出了法治价值，正如反对提法律信仰的学者指出的那样，并非所有的法律规则都可以信仰，法有良法与恶法之分，恶法就不能信仰。法律信仰与法治信仰的共同之处都是在强调对法律的高度认同。

我们再来看法治认同与法律信仰、法治信仰的异同之处，可以肯定的是，能够达到法律信仰、法治信仰程度的必然能够称得上对法律、对法治的认同了，而且是一种全身心的认同；其实，认同也好，信仰也好，都是一种赞同、遵从和服从、信守。但它们之间的最大区别就是程度的不同，信仰是高度认同，一般的认同是远远无法达到顶礼膜拜一般的信仰的。因此，我们可以说，广义的法治认同包括法律信仰和法治信仰，毕竟信仰必然是建立在认同的基础之上，信仰也是一种认同，而且是一种带有强烈感情属性的高度认同。狭义的法治认同只是法律信仰和法治信仰的初级阶段，是对法治的信任、认可、赞同和遵从，是一种理性的服从与遵守，并不是一种崇拜的感情，当然狭义上的认同进一步发展就必然成为信仰。

综上，法治认同是一种比较理性和理想的提法，我们认为这种提法是从狭义上来讲的，法治认同的提法与法律信仰和法治信仰的提法并不矛盾，比较符合现阶段法治发展的实际状况，当前我们还不能用法治认同含括法律信仰和法治信仰。毕竟，当代中国的法治建设进程中存在着一定程度上的伪认同，言必说法治、行却是情治的现象还不在少数，这与社会主体对法治文化的认同度不高有关。但是我们应该看到，现阶段的法治认同可以为未来法治信仰奠定良好基础，高度的法治认同是法律信仰和法治信仰的必由之路。

第三节　新时代大学生法治认同的主要类型

在法治类型学的研究中所贯彻的基本思维方式即为马克思主义的实践论的思维方式，这种思维方式不仅具有理论的合理性，更具有现实的合理性。大学生法治认同的类型研究正是贯彻马克思主义的实践论思维方式进行的，是在考察了社会法治实践的基础上提出的，对于努力贯彻依法治国、实施法治建设、培养法治思维、运用法治方式、指导法治实践大有裨益。在形成中国法治民族特色的进程中，逐渐形成了价值性法治认同与工具性法治认同、消极性法治认同与积极性法治认同、个体性法治认同与群体性法治认同的重大区分，所有这些对于我们深入研究当代大学生的法治认同问题具有重要的启发意义。

从社会主体对法治的功能认知的角度，可以把法治认同分为工具性法治认同和价值性法治认同。

一、工具性法治认同和价值性法治认同

这种划分方法其实是法哲学上目的性价值和手段性工具划分的展开和演变。法律实用主义倡导一种语境主义和工具主义道路的法律理论，既将法律视为历史的衍生物，又将法律视为实现社会福利的工具。工具性不外乎是表明一种有用性的划分，是浅层次的认识类别。目的性价值其实表明的是一种法治客体对法治主体所担负的社会意义所在，而且大大提升了法治客体的社会地位，体现了对法治价值的一种尊重和认可。

（一）工具性法治认同

从手段性工具角度看，法律具有工具性作用，能够满足一定的实用性目的，公众在对法律良好的价值判断的基础上，对这种工具性作用予以认可和接受，此谓公众工具性法治认同。大学生对法治认同的初级认识就是出于这类工具性认

同，往往是出于对法律和法治的直观感受性认同。好多大学法学院在迎新生时都会写上极其能够抓住眼球的宣传用语，比如"欢迎你未来的大法官！欢迎你未来的大检察官！或者是欢迎你未来的大律师！还有未来的正义守护神！"之类，学生们事实上是一种职业工具主义法治认同，学了法学将来就是比较直接地从事法律实务中的某一类职业，怀抱着未来的法官(检察官、律师)之梦开始了法律之旅。法具有很强的实用性，法可以解决纠纷，维护民众合法权益，社会各行各业都需要法律专家、法律顾问，人人希望能成为现实的法律专家，不少家长让自己的孩子学习法律专业时甚至希望孩子以此为职业、成为谋生的手段，当然是期望值较高，不是简单的温饱谋生，而是改变人生命运、获得较高生活质量的期盼。曾经某地方日报连载了一部反映民众对法和法律的态度转变的文学报告，某位妈妈因为自己的女儿读了四年大学法学本科，毕业之际又考上了法学专业研究生，当时处于 20 世纪 90 年代，那个时候的法学研究生还真是非常稀少的。这位妈妈就非常自豪地在单位炫耀自己的女儿考上法学研究生了，学法律专业，大家觉得在社会上太有用处了，但是，就有好事者问她女儿是学什么法的研究生，那位妈妈有些不好意思地说是学宪法的硕士研究生。好事者又继续追问，人家学民法的处理民事案例，学刑法的处理刑事犯罪，那你女儿学宪法能够处理什么案子啊？结果还真把那位妈妈问得有些张口结舌，不知道该如何回答。这非常典型地反映了民众对法律的一种功利主义看法，也即一种工具性的法治认同。当然这里讲的工具主义法治认同是从普通民众角度来阐述的，那么从国家与社会层面的工具主义法治认同又是什么特征呢？

在传统中，法律的价值更多地体现在有用性上，是一种统治工具，人们多是从形而下的角度去理解阐释，大都从规则和制度层面入手，把法律简单化解释成一种上层建筑，而且是一种以国家暴力机器为后盾的强制力，即统治阶级为统治整个社会而制造出来的行为规范。法律的有用性、工具性成为最主要特性，尤其强调法律这种制度规则的合理性仅在于有利于统治，是一种自上而下的强制，并没有自下而上的考察民众对法律制度本身是否认可。这种阶级意志论的工具主义正在成为或者即将成为历史形态的工具主义法治认同，代之而起的是一种社会治理形态的工具主义认同。与此相匹配的是国家管理正在从传统的阶段迈步进入由社会作为国家与个人之间的过渡阶段，并且实行自我管理的善治阶段。国家属性有所弱化，管理的社会属性逐渐增强，必然使之失去阶级色彩。在新的过渡阶段或者社会管理阶段，工具主义法治认同将失去其原有的阶级属性，成为社会共同治理的规则与制度，不存在对统治阶级服务和有利的问题，而是对全体社会成员共同有利，为了社会成员绝大部分人的共同利益或公共秩序的需要，例如空气环境质量方面的法律制度，交通公共安全秩序如航空飞行安全等都属于这一类的法律制度，在这方面，社会成员出于公共社会治理的需要而对其有用性产生法治认同，就是区别于前两类传统法律类型的工具主义法治认同。

（二）价值性法治认同

一些人用来指称某种与工具价值或手段价值相区别、相对应的价值类型时，习惯使用内在价值（自然界或物种、环境）自身的价值，或人本身的价值、主体价值等提法。所谓价值性法治认同，是指法或法治因自身能满足社会公众对法治的需求所具有的某些内在属性，诸如公平、正义、人权、自由、程序合理等，公众因上述善法或良法的属性而对法治产生的认同。如果说工具性法治认同是一种物质层面的认同，价值性法治认同相对来说就是一种精神层面的法治认同，是对法治的内在属性所生成的赞同、认可，并发自内心的由衷的服从心理。如对于生产有毒有害食品罪的严厉惩罚的法律规定，对于醉驾入刑、危险驾驶等行为的法律规制，公众因目睹或亲身感受到了有毒有害食品的严重危害，醉驾行为、危险驾驶行为给社会成员和家庭成员带来的沉重打击等，因而，对这类法律或对这类危害行为进行法治规制所产生的价值性认可、赞同，从而产生内心的正义之感的体验，我们可以把这种情感体验归为价值性法治认同。相比较而言，工具性法治认同是一种外显的初级法治认同，价值性法治认同可以看作一种内在的较高层级的法治认同。

价值性法治认同与公众的知识水平和感受心理能力密切相关，一般而言，公众的知识水平越高或者法律素养越深，价值性法治认同越强烈。一个只能勉强维持温饱状态的社会成员，他关注的视阈范围一般只限于眼前的与温饱相关的事宜，他的关注度也一般会限于与个人或者小家庭范围相关的。价值性法治认同更多的是与社会层面相关联，是那些有能力关注、有头脑关注社会公益事业或者公益诉讼的成员和群体才有可能产生这类法治认同。当下大学都是相对比较开明的高校，培养出来的大学生多数都热爱公益事业、朝气蓬勃，经常热心关爱弱势群体，积极参与社会志愿服务等，加上现在大学对法律课的精心安排或者法治宣传教育都是比较注重的，因此，多数大学生是比较容易生成价值性法治认同的，而且一般都会从最初入校时的工具主义法治认同转化提高为价值性法治认同。

另外，综合性大学举办的学术讲座比较密集，很多综合性或者专业性大学的学术氛围还是非常浓厚的，良好的学术氛围对大学生的法治教育和熏陶是非常重要的，特别是一些名校的学者专家和教授们，他们的学术视野开阔，学术兴趣广泛，学术有很强前沿性、高端性。在这样的大学里，在这样的学术氛围中，聆听名教授名学者们的前沿学术熏陶，简直就是诗意般的存在，能与大师对话，心灵和境界的提升净化自不必说，这种学术和学业教育孕育出的肯定是高尚的精神追求，肯定是自身心灵对法治的价值性认同。笔者在北京两所名校连续听取多场名家学术报告，还有来自权威国家机关的专家报告，其中感受到的心灵震撼和高度认同绝不是一般的宣传教育所能匹敌，因此，来自名家名教授的高端学术报告对于培育价值性法治认同是非常有必要的，也是大有裨益的。

二、个体性法治认同和群体性法治认同

大学生正是处于人生成长发展的关键历练时期，往往需要群体的认可，如果不能够附随小群体的观念，往往会被疏远，甚至被边缘化。同时，大学生学习是一个以个体努力为主的活动进程，更多的时候是个体徜徉于书籍的知识海洋，独自探求科学的真理。因此，这种划分的标准和依据在于法治认同的主体不同，同时也受其法治认同主体归属环境的外在影响。

集体权利与个人权利并不能等同于总体与部分在量上的关系，也就是说集体权利不完全由个人权利叠加而成，它们之间是性质上的差异而非量上的不同。同

理，我们可以认为群体性法治认同与个体性法治认同之间并非总分关系，群体性法治认同绝不是个体性法治认同的叠加总和，它们之间是法治认同性质上的差异而不是数量关系上的区别。群体性法治认同并非总是优越于个体性法治认同，个体性法治认同也绝不可能完全独立于群体性法治认同，二者既需要运用辩证统一的观点，又需要采取相对独立性的思维，来正确全面地看待分析它们之间的异同点和各自的生成发展。

（一）个体性法治认同

大学生的精神风貌深受社会环境的影响，当代大学生总体上表现出阳光、健康、积极进取的良好状态和精神面貌，他们思维活跃，极其容易接受新鲜事物，对网络的认同度较高。因此，不少大学生在现实生活中和网络虚拟世界中的参与度是大为不同的，他们思维敏锐，兴趣广泛，但同时明辨是非的能力相对较差，毕竟还缺乏社会阅历，当然鉴于青春期性别特征，男生容易做出超越底线事情的概率一般高于女生，迷恋网络的男生数量一般也是高于女生，但也不完全是这样。在现实生活世界中容易追星，尤其是在网络的虚拟世界中，更是非常容易追风、追捧意见领袖的观点。因此，大学生的法治认同，尤其是个体性法治认同极其容易受现实生活中意见领袖的观点影响，甚至是虚拟世界中网络大 V 的观点影响，毕竟现代世界是一个人人都做手机低头族，人人都可以随时随地上网接收信息的时代。信息的传递太迅速了，传播辐射面太广泛了，新媒体、自媒体的传播和影响威力令人瞠目结舌。稍有不慎，某个个体就可能被网络围观，甚或一夜成名。由是观之，大学生的个体性法治认同绝不能孤立来看待，尽管很多时候，大学生需要慎独、静思，方能学有所获，毕竟学习过程是一个相对独立的进程。当然少部分大学生可能本身就是意见领袖，比较具有号召力，甚至是网络虚拟世界的网络大 V，这部分大学生的个体性法治认同更是不能轻视，他们的法治认同极有可能影响一批人，完全能够起到表率的作用。

民主法治社会同样需要权威，意见领袖或者网络大 V 的个体性法治认同就成为一定范围内的权威性个体法治认同，因此，个体性法治认同又可以细分为权威性个体法治认同与非权威性个体法治认同，同等情况下，权威性个体法治认同要比非权威性法治认同的影响波及面宽泛得多。鉴于权威性个体法治认同的影响力，更进一步讲，权威性个体法治认同完全有可能转化成为某一范围内的群体性法治认同。

（二）群体性法治认同

大学时期，大学生们彼此之间会逐渐形成一些群体、团体，这是人的社会属性、人与人的交往需要使然。群体或许是没有什么正式组织章程，是自发形成的；团体就是一种相对正式的组织，内部是有层级的、有分支架构的，当然这两种性质的人群所形成的群体性法治认同也是具有不同属性的。群体中的人会形成多数人的法治认同观点，往往是凭借了每个人的个人魅力和思想性、说服力而影响他人；团体中的人也有可能形成多数人较为一致的法治认同观点，但在团体中会变得复杂起来，因为内部层级关系，上级人士的观点有可能因为级别关系而压制了下级人士的认同观点，更为强势团体的内部，也极有可能是少数人的认同观点俨然成为整个团体的认同观点①。

新媒体时代网络传播手段的便捷迅速，群体性法治认同观点会持续发酵，遥相呼应的群体性认同观点甚至会左右社会民众的视听真相，因此，现代社会特别注重权威、及时、客观发布，以正视听②。

人类社会的发展和进步是一个人的主体地位逐步得到凸显和人的主体性逐步得到张扬的过程。在群体性法治认同的生成过程中，群体或团体内部人的主体地位越得以张扬，代表群体或团体成员的法治认同主流观点越容易形成，而且越符合社会实际情形。这正是民主所形成的共识性内容，架构起法治认同生成的逻辑进程。哈贝马斯倡导的以语言为基础的交流和对话，主张以主体间性结构或主体—主体结构取代主体—客体结构，意在张扬人的主体属性，充分尊重人的个性和表达，形成畅通、民主的交流机制，便于群体或团体成员之间充分酝酿，使符

① 魏治勋. 消极法治的理念与实践路径[J]. 人大复印资料《法理学、法史学》，2014.
② 张康之、张乾友. 对人民社会和公民国家的历史考察[J]. 中国社会科学，2018.

合现实民情和实际法情的法治认同得以生成，并得到传播与张扬。主流性群体法治认同的生成，能够有效引领社会舆情，使广大民众正确认识社会突发事件，防止偏听偏信，防止一些别有用心的"网络大 V"误导民众，造谣中伤，从而扰乱正常社会秩序。这正是法治社会所必需的理性体现，对于今天我们实施依法治国具有重要的现实意义。

三、消极性法治认同和积极性法治认同

从法治实践来看，我们的守法观经历了从以服从为中心的消极守法观到以维权为中心的有限积极守法观的变迁，并已经有了以护法为中心的全新积极守法观进化的趋势。依据胡国梁博士的守法观的划分，我们不妨将法治认同分为消极性法治认同和积极性法治认同，而积极性法治认同又可以分为维权性有限积极法治认同和护法性积极法治认同。

（一）消极性法治认同

一般而言，谈到消极性法治认同，主要是指服从法律，不论内心是否存有对法律的抵触，最起码不去实施破坏法律和法治的行为。消极性法治认同是一种公民义务的履行，或许绝大部分公民就是处于这种层面和心理去服从法律、认同法治。

消极性法治认同实际上是一种客体本位的法治认同，民众没有把自己作为法治建设的主体，似乎法治距离这部分民众甚为遥远，有着事不关己高高挂起的味道，至于建设什么样的法治那是国家和社会的事情，这是一种初级形式的法治认同。同时，消极性法治认同还是一种义务为本位的法治认同，持有这种认同观点的民众沿袭着传统的法治文化，把守法作为公民的基本义务，限于完成一个公民应尽的基本道德和法律义务而已。中国社会在改革开放后发展迅猛，经济取得了长足的进步，人们在物质财富得到极大满足的同时，文化精神财富也得到了最大限度的丰富。但是一个不容置疑的事实是：人们似乎并不真正满足于这些，不少人表现为道德沦丧、无法无天、肆无忌惮，违法犯罪也一度呈现新的激增，贪污

腐败现象比较严重，为世人痛恨，物质世界和精神世界远不成正向比例。这事实上是消极性法治认同对法治底线的突破，消极性法治认同者存有一种侥幸心理，违法可以获取额外的非法利益，体现的是对权力的追逐和对法律法治的蔑视与抵触。既然有权力可以抵消法律，为何不去追逐令人向往的可以支配、左右别人的权力呢？因此，消极性守法观是将法律作为一种单纯的义务和命令来看待。命令总是能体现出发出命令者和被要求服从命令者之间的对抗，对抗的结局自然是能逃脱就会尽可能逃脱，只要能逃脱严厉的惩罚就不会认真遵守法律，甚至不惜以自愿受罚的方式去获取巨额经济利益，因此，自然没有人会永远安心于被动服从。

其实，很多大学生也是对法治持有这种心态的，他们天然就觉得管理者与被管理者之间具有不可调和的对抗性，自己是法治客体，是法治受众，缺乏一种主动参与性。原因在于我们针对大学生的传统法治宣传教育中，始终在强调守法，强调做守法有纪律的公民，存在着忽视权利主体的倾向性。大学邀请司法机关的专业人员来学校给大学生作法治报告，多数是在宣传刑法和犯罪案例，教育大学生不要以身试法，完全忽略了宪法、民法等其他法律的宣传介绍。这样做的直接表现形态是：2014年我们国家首次设立国家宪法日之后，就是在高等教育的殿堂中的大学生们对宪法是什么也多数是一头雾水，更不要提宪法的价值和意义，宪法与普通民众的实质性关系是什么等。

总之，消极性法治认同缺乏主体性价值认同，是一种最低限度的守法性认同，是以义务为本位的被动性法治认同，在实施依法治国、建设法治社会、实现中华民族伟大复兴的今天，仅有消极性法治认同显然远不能适应法治中国建设发展的实践要求。

(二)积极性法治认同

所谓积极性法治认同是从公民的主体性角度来讲的，公民对法治持有一种主动参与意识，以维护公民权利为中心，通过运用法治方式、参与法治实践，达到对法治的高度认可并内化为一种内心信念，从而驱动人们积极遵守法律和依法办事，并实践于指导个人行为和社会行为的实施之中。从上述积极性法治认同的内涵描述中，我们可以认识到，积极性法治认同是一种权利中心、主体本位的较高层级法治认同，已经摆脱了义务性、客体性特色，以积极维权为内在动机，推动其主动参与当前法治实践的特性成为这类法治认同的主要特质。

在现实社会生活中有三类情形当属积极性法治认同。一类是在 20 世纪 90 年代左右，人们刚开始认识到法治的积极性特质的时候，有一部分民众开始从畏讼、远讼思维中解脱出来，不再对法治仅仅感到威严可怕，相反，尝试要运用法治来维护公民个人权利、获取利益，开始对法治产生信任、依赖和好感的时候，出现了公民为 1 元钱而诉讼的现象，当然这种 1 元钱的诉讼也遭到了批判，1 元钱的诉讼实在是对司法资源的极大浪费和滥用。与此同时，不少的诉讼当中开始出现漫天要价甚至是天价赔偿，原告起诉到人民法院确实是有明确的法律依据，确实是受到侵害了或者被告确实存在违法现象，但起诉索赔的数额确实高得吓人，根本不相匹配，当然索赔数额极高也是与当时的法律规定不够明确有关。从根本不愿意诉讼打官司，到为了 1 元钱而不惜起诉到法院，再到动辄起诉天价索赔，这一系列的诉讼实践表明，人们的法治认同理念确实发生了巨大变化，由原来单纯的敬畏法治、被动守法到主动维权、积极参与法治实践，已经是一个相当大的社会进步。

另一类案例是王海现象。王海是一个曾经被民众和舆论公认的打假英雄，确实所到之处令不少商家胆战心惊，也确实给不少商家上了一堂生动的法治教育课，让不少商家因此吃了苦头，用实际行动让商家知道遵法守纪的重要性和必要性。不过王海现象确实存在不少争议，有不少法学家称王海还没学会法律，先学会钻法律的空子，受其影响，司法界开始逆转，后续的一些打假案例出现了不同判决，认定王海不是为消费目的购买，不是《消费者权益保护法》所适用的消费者对象范围，因此，不能适用《消费者权益保护法》的惩罚性赔偿规定来索赔。这是导致王海现象消失的一个直接原因，王海们打假索赔获取巨额利益在社会上渐渐没有了立足之地。排除其中的一些争议和私心不论，单就运用法治维护公民权益的一面，我们足以认定社会民众的法治心理获得了长足进步，民众已经能够积极参与到法治实践中来，公民的主体地位也得到了很大提升。同时期出现的第三类现象是发生在象牙塔中的司法案例。高校大学生因为学位授予争议将母校告上法庭，这里有博士学位授予，也有学士学位授予的真实案例，成为这类案件的肇始。后来逐渐延伸到侵权、违纪开除、不予录取、教育管理等各个方面的法治实践，还有四川大学有 3 位学生，因为就餐时被多收了 2 元钱，与饭店对簿公堂，提起了我国第一例以宪法所保护的平等权被侵犯为由的诉讼。从博士学位、学士学位，到开除违纪处分，再小到 2 元钱，象牙塔中的司法案例越来越多样化，大学生们开始从传统的道德意识中苏醒过来，法治认同越来越高涨，参与法治建设的主动性大为增强。大学也因此备受瞩目，开始注重学校章程制度的法治建设，开始聘请法律顾问，建立法律事务中心、法制办等相应机构。大学生的法治意识和法治认同出现转型，以维权为中心的积极性法治认同已经得到实践，大学生们也已经不再把自己仅仅当作守法主体、法治客体，权利、法治已经成为时代的热词，受到大学生们的追捧。

前面讲的是以维权为中心的有限积极法治认同，值得注意的是一种以护法为中心的新型积极法治认同为人们忽视，护法性积极法治认同为法治建设的展开拓宽了法治视野和理论进路。一位署名是猎人的民间义务反扒人士在博客中这样写道：我认为，参加"广州义务反扒"的行动，协助公安机关去举报和指正犯罪嫌疑人，是为社会多作贡献，是行使宪法赋予我们的公民权。像猎人这样的民间义务反扒人士有很多，他们完全是利用工作的业余时间义务从事着反扒斗争，有的坚持 20 多年如一日，完全不被民众知悉，直到有一天义务反扒者被打才使其被人知晓——2012 年 3 月 18 日上海女孩莫莉地铁反扒遭遇扒窃者殴打一事，让此前并不被人们了解的上海民间反扒志愿者队伍逐渐浮出水面。他们是默默付出，不但有经济、精力的付出，很多情况下人身安全都受到严重威胁，有时还很可能面临司法指控，但是这些公民的积极护法之心应该得到法律的肯定，类似的还有社区义务巡逻、广场义务维持秩序等护法行为，还有一种比较极端的护法：《兰州晨报》在 2009 年曾经报道：7 月 9 日晚，兰州一老人手拿砖块站在斑马线上，只要有车辆闯红灯经过，便用砖块砸向违章车辆。他们以自己的身体力行作为矫正违法行为的主体，积极参与到法治实践中来，他们曾经以权利为中心维护过自己的合法权益，但现在他们已经走到了以护法为中心的积极法治认同新阶段，他们在维护社会和其他公民的合法权利，他们的护法在法治社会建设进程中发挥着积极作用。

与积极性法治认同的内涵相比较，有学者提出了一个新概念消极法治——传统宪政理论的发展与实践，有人这样阐释消极法治的意义：消极法治在某种意义上可以被理解为走自然演化式的法治发展道路，其主张法治的发展是一个历史的渐进过程，其间需要不同主体和多方力量的共同参与，垄断公权力的国家作为法治建设的主体只构成其动力来源的一个组成部分。消极法治其实站在公民个体角度讲是一种积极性法治认同，基本特征是弱化公权力的强势影响，增强公民的权利意识和参与主动性。消极法治尤其强调在此过程中公权力只能以消极的方式出场，其主要功能在于为其他建设力量的发挥营造和维持一个有利的外部环境，但公权力自身并不发挥凌驾于其他主体之上的主导作用。这样看来，我们的法治建设进程中如果能够注意运用消极法治方式与积极法治方式的有机结合，消解国家积极推行法治建设的公权力过度影响，积极调动全体公民参与法治中国建设的主动性，有效增加推行依法治国的动力来源，在公共领域进一步拓展延伸，多维度增强公民权利和法治意识，平衡公权力与私权利的运用，将会对公民积极性法治认同的生成起到极大的促进作用。

当代大学生法治认同问题研究从基本的法治认同理论入手，界定法治认同的基本含义，揭示法治认同的三大基本特征，并阐述了当代大学生法治认同生成的制度性条件、物质性条件、主体性条件、心理文化条件等，同时也深刻检视了马克思主义意识形态理论、马克思主义利益观、马克思主义人的本质理论等相关理论基础。

第三章 新时代大学生法治认同的价值

第一节 新时代大学生法治认同的法治价值

当代大学生的法治认同问题是伴随着依法治国方略的实施而逐渐受到学界的重视的，同时伴随着法治国家、法治政府、法治社会三位一体建设的深入开展，大学生法治认同实践也备受高校思想政治教育的重视，成为当今法治中国建设一个重要有机组成部分。在大学生思想政治教育中，法治认同是一个非常具有现实价值和实务意义的时代课题，法治认同是一种内在的文化心理认可，能够更好地实现思想政治教育的目标，为法治社会建设奠定更加坚实的思想理念基础和情感行为基础。同时，伴随着国家宪法日的设立和法治建设进程的推进，伴随着人们对宪法价值的认识深化，宪法在社会中的最高权威将逐步实现，宪法在社会生活中的作用将逐步发挥出来。宪法不仅是一种具有鲜明政治性质的国家章程和国家大法，更是一种保护人民基本权利的根本大法；宪法不仅是公共权力的根基，更是公民私权利的来源。因此，当代大学生的法治认同不仅具有推进法治建设的重要现实价值，更有着实现以人为本的宪法理念、维护宪法至上、落实依宪治国的重要宪法意蕴。

法治是一种理性选择，是一种现代社会、现代国家和现代政府的标签和底色。法治既属于法学理论更属于政治学理论，中国的法治建设进程与西方式的民主化是不同的。未来几十年里，围绕依法治国、法治建设这个中心开展各项工作，尤其是大学生思想政治教育工作从法治建设视角展开成为一个时代话题，大学生思想政治教育的航标就是《中共中央关于全面推进依法治国若干重大问题的决定》，这是依法治国的宣言，更是大学生思想政治教育的纲领。

一、法治建设的精神底蕴

沈壮海教授指出：思想政治教育以特定文化成果的传递、传播、践行等为基本载体，是逐渐彰显人的社会属性和政治属性的基本历程，在这个过程中，文化认同与其他方面的认同相比，其重要性显著增强。文化认同地位的强化和提升是当代社会政治经济的发展进步与现代化升级促成的，是国家和民族提升实力、提升国际国内形象的内在需求。法治建设与法治教育是大学生思想政治教育中的一项重要内容，是用法治文化育人的重要机制，是适应法治中国建设的现实和未来需求的重要一环。法治认同是文化认同的一个具体实现，法治认同因文化认同的重要而日益凸显出来。

今日，法律秩序成为一种最重要、最有效的社会控制形式。法律与道德从来不可能截然区别开来，二者从混沌到分离再到法律覆盖道德领域的近代发展历程，也凸显了法律与法治成为当代社会治理有效手段的重要性。法治成为一种普遍的选择，思想政治教育中针对大学生的法治宣传教育和法治认同教育也提上重要日程。法治化办学已经取得重大进展，在依法治国的宏大法治背景下，高校法治建设正在步入黄金发展时期，大学生不能将自己置于法治社会建设和发展的历史洪流之外，大学生的法治认同就越发成为一种文化建设的精神底蕴，因为诸如大学生的思想教育等道德领域也是不能孤立于法治建设之外。大学生的今日法治认同是对依法治国方略的一种价值认同、一种伦理认同、一种情感认同，还是一种政治认同，不但决定了大学生自身的健康茁壮成长，在某种程度上还决定着法治建设进程的方向与速度及其成败问题，毕竟法治建设也是靠人来实施，正如法律古语所云徒法不足以自行。人是法治中国建设的首要力量，人的思想更是有无穷力量，法治认同正是这样一种有着无穷力量的文化精神和思想根基。不要说对法治无知者、不予以认同者对法治建设的阻力和破坏，就是对法治认同度不够高，有着一知半解就想钻法律和法治的空子，或者打着法治旗号实施人治做法都是对法治极其不认同的实质表现，都会构成对法治建设的极大破坏。文化具有的内在价值观能引导民众。

法治文化所具有的内在价值观如公正、平等、正义、民主、自由等，这些概念能够比较朴素地武装大学生那颗充满求知欲的头脑，使他们坚信法治、坚信民主，当然就能使他们充满阳光、充满正能量。法治认同使大学生产生对法律和法治的信赖与服从，这是发自内心的服从认可，能自觉引导他们的行为，引导他们规划未来、设计人生，做一个对他人对社会有益的人。同理，因为有了高度法治认同这样的文化精神底蕴，我们的法治中国建设也才会有了现实和未来的、强大而坚实的后备人才力量支持，也才能使法治中国建设的软实力得到迅速提升。

二、法治运行的内在动力

态度、价值观和信念，有时笼统地称为文化，在人类社会的发展过程中起着非常重要的助推作用。这种作用相对比于外在强制力而言是一种内在精神动力，精神动力也绝不是可有可无的，在某种程度或者意义上讲甚至就是一种起决定作用的力量。毫不夸张地讲，精神就是最坚强的推动力量。精神动力也是法治正常运行的社会心理基础，而它正是来自人们对法治的认同态度。多少年来，大学生都被视为文化和知识的象征，是我们的社会精英，是天之骄子，是我们整个社会发展和建设的栋梁之材，但近几年大学生群体也出现了很多令人扼腕痛惜的事件。但是，大学生还是受教育最多的一个群体，是最有可能成为社会精英的人士，无论如何，都将成为或者已经成为我们这个社会的主导者、引领者、建设者。因此，很多人都会把大学生这些年青一代作为观察中国未来发展的坐标。正是这种原因，在依法治国方略实施的今天，在建设法治中国的当代进程中，身处象牙塔和社会顶层蓝图之中的大学生们，他们足以影响我们今天的法治建设进程，他们的法治认同可以全面而深刻地反映整个社会的法治认同状况，也足以引领整个社会法治认同的风向标。大学生们的精神、信念、认同也就成为我们研究的重点对象，因为他们最富于活力、最富于创造性，他们可以将活力激发、创造出巨大的社会推动力和实实在在的社会生产力。反之，大学生们的消极破坏力也是极其令人震惊的。而且，没有法治认同这种内在精神动力的影响而形成的守法，不可能形成普遍的守法状态，特别是仅靠某种强制力量的外在约束，即使是一时出现了对法律的遵守，那也绝不是我们所需要的法治，或者不是现代法治的常态表达。

　　青春就是活力，青春就是能量，青春就是创造力，青春就是爆发力。如果我们不能好好挖掘和利用这种能量，就必然使之成为社会发展的羁绊和阻力。这种动力或阻力是内在的，也可以随时转化为现实的、外在的。法治认同恰恰就可以起到疏导、引导、规制、规范的作用，使大学生们的这种内在力量成为我们国家法治建设、法治运行的内在不竭动力。法治认同可以使大学生们对依法治国产生强烈的信赖、归属感，从而吸引他们积极投身法治中国的建设活动中来，成为推动法治运行的强大内在动力。这种内在动力是发自内心的一种主动性、一种积极性，符合了事物发展的方向和一般性规律，必然成为法治运行的一种可持续性的内在动力。当代大学生的法治认同是法治中国运行的社会动力源泉，培育大学生的法治精神和法治认同，是提升当今文化软实力的重要途径。如何培养法治中国建设的生力军？把大学生培养成为什么样的法治人才？这是一个极其现实的法治问题，是当代大学生思想政治教育必须直面解决的一个紧迫问题。事实上，正如王利明教授所指出的：伯尔曼所提出的法律必须被信仰，并不是强调对具体法条的信仰，而主要强调公民要养成法治社会和遵守法治所必需的法律意识，也就是培养公民对法治的一种内在认同和接受。法治认同可以被看作是法律认同的升级版，如果一定要做理论研究上的细致区分，也可以把法律认同作为法治认同的其中一个层面，正如卢建军博士所著《法治认同生成的理论逻辑》一书中指出：法治认同包括对法治外在表现——法律的认同和对法治精神（或价值）的认同。法治认同正是建立在公民对法律的尊重、对法治的赞同、认可与追求的基础之上，正是一种内在的法治思维和法治意识的体现。之所以说法治认同是一种精神动力，就是因为法治认同是属于精神意识层面的范畴，精神意识在社会实践中的能动性从来是不能忽视的，同样的道理，法治认同在法治建设中的能动性也是绝不能轻易忽视的。民众只有认同法治，才能接受与服从法治；民众只有高度认同法治，才能心悦诚服地遵守、服从法治；民众只有高度地认同法治，法治中国的社会建构才能充分激发全体民众的最大积极性。大学本身就是一个小社会，法治中国运行的重要社会动力源泉之一就是大学生的法治认同。

　　大学也是整个社会的晴雨表之一，大学生深受社会的风气影响，大学生法治认同的培育和生成也是法治社会建设的重要内容之一。大学生的法治认同成为推动法治中国建设和运行的主要社会动力源泉，最直接的途径就是大学生参与法治实践向社会传播正能量，身体力行维护当代中国法治社会的健康运行和不断完善成熟。大学生是最富有创造力、最具有能动性和最蕴含热情的群体，大学生的法治意识和法治认同最直接的体现就是我国社会文化软实力的标志性水准之一，同时，大学生源源不断地被输送到社会这个广阔的大舞台中去，充实到社会各行各业当中去成为建设法治社会的生力军，当代大学生的法治认同成为整个社会持续性的发展动力。

　　大学生受到学校和社会的教育、熏陶，同时，大学生也会以自身的涵养与能力影响着社会，二者是交互影响的，更重要的是，大学生是最易于接受新理念和代表社会发展趋势的新事物，也是最渴望法治保障其在社会中创业发展的群体。从根本上讲，法治认同属于内在心理意识，体现的是人们如何处理社会关系和怎样实施社会行为的个体态度。大学生信法、认同法治，既有来自外在的强制力，也有来自一种文化心理使然，而且后者这种文化心理态度比前者更具有持久效力和内在保障力。因此，大学生的法治认同是法治中国建设的重要内在社会动力源泉，缺少了大学生的法治认同，法治中国建设的运行将会动力不足，以至于会呈现后继乏人的不利局面。

三、依法治国的政治共识

　　要实现中华民族的伟大复兴，必须努力建设适应时代要求、符合中华民族文化优良传统、能够满足广大人民群众积极健康的精神文化需求、体现大国风范的中国特色社会主义文化，使中国文化走在世界的前列。中国特色社会主义的依法治国需要这样的中国文化作为支撑，这是一种立足国情的自信、一种放眼世界的情怀、一种大国风范的共识。在今天的法治中国建设进程中，法治认同的法治文化成为主流文化，宪法至上和法治成为共识。一些党政干部培训班上，愿意学习宪法和法治知识的呼声高了起来，大家开始普遍关注法治知识的学习和运用，自觉把增强法治素养作为考核培训的重要内容指标，政府机关与事业单位已经全面推行法律顾问制度，工作与生活逐渐与法治接轨，法治的重要性在社会中全面凸显出来。只有走法治道路、行法治建设，贯彻实施依法治国的伟大战略，才能顺应历史发展的洪流、才能实现国家的长治久安。大学生一直以来就是最积极响应党的号召的优秀群体，依法治国很快得到了大学生的广泛响应，他们广泛宣传宪法知识和国家宪法日，走进社区、居委、城镇和乡村宣传依法治国、提供法律服务，法治建设成为思想政治教育的最具时代魅力、最为鲜活的教科书。大学生思想政治教育因此拥有了新时代的法治烙印，有了正确的政治方向，有了意识形态领域的最坚实的政治根基。在实施依法治国方略、进行法治建设征程中，大学生思想政治教育适时调整教育的具体方向和育人重点，人文专业尤其应该以培养具有法治思维、能运用法治方式、适应依法治国方略的青年人才作为己任，培养出的合格建设人才要成为懂经济、会管理、具有人文素养和法治能力的应用型实务人才，以此向依法治国的共识性治国方略交上合格答卷。大学生法治认同以依法治国的政治共识为根本统领，因此，我们的大学生思想政治教育才具有了坚实的政治方向；同时，大学生法治认同将能够使依法治国的政治共识有了更为坚定的追随者、执行者、贯彻者和实践者，能够将依法治国这一共识性治国方略付诸法治中国和法治社会建设的具体实践运行中去，成为大学生思想政治教育最重要的践行内容。

关于依法治国的政治共识性内容，清华大学法学院王振民教授在《宪法政治：开万世太平之路——中国共产党如何走出历史周期率》一文指出：一个国家的民主可以有瑕疵，但不能有法治赤字。王振民教授的观点表明：当前法治更重要，它们比民主更具根本性意义，实际上阐明了依法治国的极其重要性，民主是政权稳固的重要条件、必要条件，但不是充分条件，民主只有与法治相结合才能发挥出最大作用。法治是今日中国所作出的历史性不二选择，依法治国恰恰体现了中国站在历史的高度上作出的最正确的抉择。我们需要民主，但我们更需要法治。当前对于我们正在进行的社会主义建设而言，法治更具有紧迫性、重要性、根本性。站在这样一个理论逻辑的起点上，我们完全能够得出：当代大学生的法治认同将具有时代主题背景下更为深刻的政治含义，更能凸显依法治国的政治共识。

总之，在依法治国的宏大历史背景下，政治家、法学家、教育家和全体民众一起，已经达成了一种历史的共识，宪法和法治是社会中的重要共识和有力支柱。大学生是全社会法治认同的重要主体，同理，当代大学生的法治认同是当代社会法治建设的重要精神底蕴，是当代中国社会文化软实力建设的重要保障，是当前法治运行的内在稳定持续动力，更是对依法治国政治共识的高度践行；大学生的法治认同对于大学生思想政治教育的重要性已经凸显出来，并将承担起凝聚共识、塑造权威、引领方向的历史重任，发挥出无与伦比的重要思想价值。

第二节　新时代大学生法治认同的思想教育价值

党的十八届四中全会已经将依法治国提高到了一种新的战略高度，今日中国，法治正在成为国家治理理念、社会共同信仰。中国的立宪先贤们也早就认识到了国权稳固与法治昌明之间的紧密关系。改革与法治成为当代社会两大关键词，推进法治中国建设构成了当今中国最鲜明的主题之一。现在很多阶层似乎很热爱法治，法治成了人前人后经常使用的修辞话语。换言之，法治认同在思想政治教育领域拥有前所未有的话语权和话语体系。

一、法治何以成为思想政治教育的重要元素

法治究竟何以成为思想政治教育的重要元素？要回答这一理论反思，需要从法治的特性和本质上进行梳理，法治具有价值的感召力、制度的说服力、思维的公信力①。

---

① 仰海峰：超越人民社会与国家. 从政治解放到社会解放——马克思的国家与人民社会理论探析[J]. 东岳论丛，2015.

1. 法治首先是一种规范，这种规范性的规定是具有感召力和信服力的。法治的感召力主要源于法治理念所包含的价值具有亲和力，公正、民主、平等、自由、和谐等形成巨大的价值感召力，为社会全体公民所推崇和践行；只有贯彻法治才能形成具有公信力和说服力的制度，当这些具有感召力的价值上升为法治理念时便会形成具有相当亲和力的制度和规范。从规范的特质角度讲，法是刚中带柔的，这也正是法治究竟何以成为思想政治教育的重要构成元素的根本所在。思想政治教育仅仅依靠空洞的说教肯定是没有效果的，思想政治教育先贤们对增强思想政治教育的实效性进行了不懈的长久努力，这里面既有实务工作者的努力践行，更有理论工作者们的刻苦研究。总体上讲，思想政治教育结合相关学科和专业，诸如心理学、教育学、政治学、行政学、法学、马克思主义基本理论等进行了广泛的研究探索，但在和法治的结合上，尽管法治教育本身就是一种进行思想政治教育的有效方式，但在两者的结合上，尚有很大的空间有待进一步深入研究论证。法治的规范性就是这样一种情形，而且通常也是一个为大部分人所片面理解的地方，人们通常会说法的规范性带有国家强制性，这是与道德等其他规范性的重要区别。笔者个人认为，今天我们审视法治的规范性，不仅仅把眼光落在国家强制性的规范特性上，更要把眼光投在这种规范性的感召力和信服力上。法治的规范性因其蕴含的内在价值魅力而具有了极大的感召力，人们对公平正义是永远向往之，并不惜牺牲一切而为之努力的；法治的规范性还会因为其规范性程序的公开、透明和阳光而令人信服，信服永远是具有无穷大的力量的，也是思想政治教育的追求目标。我们在思想政治教育中要充分发挥法治规范的感召力和信服力，这正是法治究竟何以成为思想政治教育重要元素的底蕴和根源所在。

2. 法治本质上是一种理念，为民众共同追寻并带有普遍意义的基本理念。能够上升为国家意志层面的法治，是一种共识性的理念，为社会绝大多数公民所认可的理念，这种理念必然体现了对社会绝大多数公民的体贴和关怀，否则是不可能被接受的。只不过，人们往往是看到了被惩罚、被剥夺的强制性一面，而对于被保护、被关怀的体恤温暖性一面有所忽略，即便是沐浴在法治阳光之中也会放大其中的冷酷严肃的一面。法治不仅仅是一种惩罚和制裁，法治的保障功能更具有现实意义。醉驾入刑、校车超速超载入刑、私藏恐怖主义禁书入刑等，刑法修正与时俱进，是对现实社会的回应，是对严重侵害社会和公民个人利益的制裁与惩罚，更是对现实迫切需要保护的民众利益的切实保护。我们应当全面而辩证地看待这些修正，一方面这些入刑的日常行为是带有极大的社会危害性的，必须予以严厉制裁；另一方面制裁这些入刑的日常行为，正是为了保护广大的民众利益，而且这些利益事关民众的日常生活安宁和公共安全需要。无论是危险驾驶罪制裁的诸种犯罪行为，还是打击和遏制恐怖主义的诸种行为，目的还是保护最广大的普通民众，或者说法治的最大受益者还是广大民众，从这种意义上讲，法治这种普遍性保护和人权关怀的理念是一种共识性的基本理念，成为法治的价值追求目标。

3. 法治在本质上是一种思维方式，是均衡理念下的预期思维方式。大学生遵从法律是发自内心的思维定式使然———如果能达到这种状态。法治国家、法治政府、法治社会一体建设的基础便是坚实而厚重的，因为大学生如果具备法治思维，便会视遵守法律为当然，遇事就不会去寻求诸如潜规则之类的非法律方式。如果当代大学生们养成了法治思维方式，他们对待法律的看法和态度自然大不相同，同法律之间的距离感、陌生感、畏惧感、隔阂感将烟消云散，封建时代畏讼、远讼、以讼为耻的心态和文化底蕴将不再左右大学生的头脑；公民本身就是法治社会才可能存在的称呼，当代大学生作为新时代的公民，拥有法治思维方式，对法律的感受才能发生变化，即使法律本身并没有变化，大学生将视法律为亲近，感受到的将不再是刻薄严酷，而是如沐春风、滋润心田。法治的春天才真正能够出现。在法治思维条件下，当代大学生对于法治是一种信赖和依靠的心理，而且这种信赖是预期性的，大学生因为信赖法治，才可能根据法治的规定去调整个人的预期行为，使之符合法治，当代大学生们也因此具有了安全感和稳定感。

4. 法治本质上更是一种信仰，是一种内化为理念、外化于行为的信仰。现代文明国家的发展历程表明，法是一种理性判断做出的选择，中国法治化的道路虽历经波折但却早已向往之，非一日之促成，法治是必由之路，经过正反两个方面的实践教训证明，改革开放的成果没有法治的保障无以长久，民众对法治的期盼和向往逐渐铸就了对法的信赖。国家宪法日的设立、当代大学生宣传学习宪法的热情对于法治信仰起着非常好的积极促进作用，宪法真正走进寻常百姓生活之中，法治信仰将从信仰宪法开始(事实上，宪法宣誓制度已经实施，大学生们已经认识到和已经做到了拿起宪法的武器维护个人正当合法权益即进行宪法诉讼)，当代大学生对于法律的好感和信仰已经成为现实。

法治是思想政治教育过程中的一个重要元素，只有将法治——人本身——思想政治教育联系起来加以反思与考察，才能真正觉知法治的思想价值，否则，很容易庸俗化地将法治看作是一种并非人人都能有所感悟的文化样式。缘之上述法的发展状况和本质特性，大学生应当加深对法治的认识，能动地将法治思维运用于思想政治教育的过程，法治思维在思想政治教育中的运用(作为一名大学思想政治理论课和法学课教师，自然更应关注法治思维在高校思想政治教育中的运用)成为一个时代课题，需要一种跨学科视野下的综合性研究和前瞻性研究。

二、法治认同实现思想政治教育的主要维度

法治以其特有的价值形态带给人一种真、善、美的思想境界。能否运用好法治思维，充分意识到并发挥好法治的思想教育价值，是我们深入开展与发掘法治思想价值不可回避的问题。在思想政治教育的实现中，法治认同有其发挥特定思想价值的维度。

(一)生成精神信仰

相信法律是公正的几乎成了很多人的口头禅，不论是受到法律宣判还是受到权益侵害者，抑或是受到不公正对待和处罚并一直在期盼昭雪者，在他们的心中法律成了希望之神，成为一种寄托，人们普遍在对法治和法律怀有某种期冀。法治是当代文化软实力之关键性要素，精神世界的强大有赖于法治思维形成的支柱力量。法治以其丰富的文化意蕴充实拓展着人的精神世界空间。法治思维作为一个命题，实质是要树立法律的权威，尊重法律、服从法律，最终要信奉法治，把

法治作为崇高的信仰，只有这样才能用法治凝聚共识和人心。法治以其价值包容性引领社会思潮的发展，给人一种价值信仰的魅力吸引。由此而不难理解：法治的精神意蕴在于信仰。大学生没有法治思维的形成、遇事不找法，形成对法的信仰将是一种空中楼阁、无本之木、无源之水。

法治思维的形成是以大学生对法治的信仰为前提和基础的，培育大学生的法治思维，同时孕育生成大学生对法治的精神认同。大学生普遍基于对法治怀有某种期盼、信任和希望，基于个人的努力行动达成个人奋斗目标，这种努力进取是建立在对规则、制度的熟知和信赖利益基础之上形成的，内隐着对法治的精神信仰的种子和幼芽，究其原因，大学生是普遍渴望法治的，渴望从法治之中获得公平收益的。从社会层面看，民众也是最愿意养成法治思维、按照法治规律办事的，这也正是法治获得民众认可的内因，况且民众除了希望通过法治获得权利保护之外，还希望通过法治达成对权力的制约。无论是通过法治获得权利保护，还是希望法治达成对权力的制约，都是当代大学生对法治抱有精神信仰的坚实土壤。

信仰是人生的最重要动力源泉，唯有精神信仰才是人生不竭动力之源。法治认同是法治精神信仰的前提基础，没有法治认同是不可能谈到法治精神信仰的，生成法治精神信仰必然是一种对待法治的高度认同。因此，培育大学生对法治的认同是进行大学生思想政治教育的重要道路之一。法治认同本身就是一种内在心理和思想意识，属于精神世界的范畴；大学生思想政治教育也是一种精神世界的教育活动，二者具有同质性、交叉性、包容性，培育大学生法治认同本身也是进行大学生思想政治教育的一种具体形式，而且是新常态下大学生思想政治教育创新的一种有效形式。大学生的法治认同以法治特有的价值魅力造就对法治的精神信仰，实现了法治认同的效果增量，强化了大学生思想政治教育的实效性和持久性，是对大学生思想政治教育法治维度的创新实现。

(二)重塑自我意识

第一，法治在情感上对人的生命自我意识的重塑。法治认同对公民自我意识的重塑是从情感体验开始的，法治带给人的是对法治的敬畏之情，是一种触及灵魂深处的敬畏和神圣情感体验，包含着对生命的敬重。法治保护公民人权和私权利的享有，维护公民尊严，使普通公民在社会生活中充分感受到法治的保障和呵护；对于违反法治的行为，公民感受到法治的严厉和惩罚，道德上受到良心的谴责和舆论的压力，情感上产生对法治的畏惧和担忧。法治在矫正和引导人的情感和生命自我意识体验，从正、反两个方面增强大学生个体对法治的情感经验，正是在情感上，张扬法治的惩恶扬善功能，法治才得以发挥重塑人的生命自我意识的重要作用。

事实上，如果大学生能够深刻从法治教育中感受这种生命自我意识的重塑和情感体验的升华，大学生思想政治教育的进程将是极为顺畅的，大学生们也是极其乐意接受这种富有内涵的思想政治教育的。当然也就不会产生那种极为肤浅的、违背规则、破坏法治的负面行为，甚至是为了一时爱情失意受挫竟然自杀身亡、抛弃父母、抛弃亲人、抛弃自我生命，丝毫没有珍爱自我生命的意识，很多大学生的一些无知和缺乏底线的约束行为就是这样形成的，因为他们缺乏这类自我生命意识的法治情感激荡。没有这种丰富的法治情感体验和认识，叛逆行为和出格行为的情感体验和无良自我意识占据了上风，并且使这群象牙塔中的青年学生视其为当然，这恰恰是与法治认同的情感和生命自我意识是截然相反的，是两种彼此对立的存在，并且极大地阻碍着大学生思想政治教育的有序推进和次第展开。

深刻的法治教育带给人的是一种强烈的内心震撼，使深受金钱物质异化的灵魂得以苏醒，回归自我意识的本位。每受一次触及灵魂的法治教育，内心体验上更加丰富，感情上就得到一次升华，生命自我意识的感受更加深刻，同时获得全面提升。高尚与卑微、公平与私欲，以及善恶情感是法治认同的重要成效①。对应的两种自我生命意识看似相聚遥远，实则近在咫尺②。正像法治无处不在，涉

---

① 马成山．中国法治进路的根本面向与社会根基——对人民社会理论法治观质疑的简要回应[J]．法律科学(西北政法学院学报)，2013．

② 姚建宗．生活的场景与法治的向度[J]．吉林大学社会科学学报，2018．

及社会生活的方方面面是一样的，但就是相当一部分人总觉得法治可有可无，离自己相去甚远，我不犯法犯罪，法治与我何干，我又不打官司、不惹是生非，法治与我绝缘——这种自我意识还是有相当普遍的存在的。事实上，法治与每一个人息息相关，与每个人的生活、工作和情感都是紧密相连的，法治可以使人们在两种截然相反、差距巨大的情感意识之间进行激荡，从而使人们产生一种全新的生命自我意识的情感历程，从而实现法治从情感方面对人的生命自我意识进行重塑和锻造，丰富情感体验，提升自我境界。

第二，法治在思维上对人的生命自我意识的重塑。法治本身内蕴着一种思维方式，法治可以规范和张扬着人的思维。法治具有保守性的品格，体现在法治可以规范人的思维，使个性化的思维遵循着法治的基本原则和红线路径，现实众多的个体思维因为法治规范便具有了诸多的共同之处和可预测性。法治同时具有创新创造性的品格，体现在法治可以张扬个体思维，使大学生的思维更具创新性，因为法治总要面对丰富多彩的现实生活，这就需要充分发挥大学生个体的主动性和积极性，打破千篇一律，突破追求唯一思维，充分张扬主观能动性，强调创造性，使概括、抽象性的法治规范与生动、多样化的社会生活实现融会贯通，锻造提升法治个体的实务能力。

法治是守成思维，同时是创新思维。法治因此在思维方式上实现对大学生个人的生命自我意识重塑，实现着法治对人的提升和重塑功能，实现着法治的思想教育价值。

(三)淬砺自由个性

法治在价值追求上是宽容的，允许在法律范围内追逐各自利益和不同价值，但对于犯罪行为绝不允许宽容。个体的人总是生来形成各自的多种自由个性，伴随着时间和年龄的增长，纯粹的自由个性将逐渐失去原有的棱角和秉性。如同时光之刀一样锐利，法治是以一种显性规范来作用于人的个体生活、以一种强制力量来作用于人的自由个性，如同烈火金刚一样淬砺、锻造着大学生的自由个性。直至适应现实的社会和法治要求。那些富于法治经验、饱经社会阅历的个体，其自由个性更加符合社会法治的要求和标准，这样积淀形成的人文素养、品格特性正是法治淬砺大学生自由个性的成果，体现着全社会对法治规则的遵守和敬重，集中展现出法治在淬砺大学生自由个性方面的思想教育功能和价值。

三、当代大学生法治认同思想教育价值的创新实现

在现实的思想政治教育中，法治认同具有其他任何文化样式所没有的特殊思想价值，在协调推进习近平总书记四个全面战略布局的今天，在法治认同视域下，运用法治思维创新思想政治教育的实现方式，需要认真研究通过创新什么样的思想政治教育方式来实现法治认同的价值。

（一）用法治激发主体生命意识的思想政治教育方式

法治的核心价值是尊重和保障人权，维护社会主体的合法权益。法治框架下，社会主体的正当行为是受法治保障和鼓励的，法治维护正义之举，是治国之良器，法治愈健全，社会主体感受传递正能量的意识愈强烈，法治塑造着良好的社会风气和人文环境。一方面法治的惩罚性功能使人感受到生命和自由的可贵，往往体现为追悔莫及、格外期盼，也更加珍惜自由和生命的宝贵，从反面激励社会公民的主体生命意识；另一方面法治的保障功能使人感受到法治的阳光雨露，真切地体会到法治的权威和公信保障，体现为向善、追求正义、富有爱心，从而不断激起人们积极向上的主体生命意识。现实生活中，法治能有效激发思想政治教育对象的主体生命意识，调动其内在的活力和动力，营造和谐共赢的法治局面，增强思想政治教育的感召力、亲和力、规律性、实效性，从内在本质上讲，法治激发主体生命意识从而有效实现思想政治教育，法治是创新思想政治教育的一种符合法治社会建设、行之有效的实现方式。

（二）用法治满足生命需要的思想政治教育方式

法治具有保障和维护功能。作为个体的大学生在当前社会常态下，要追求一种和谐共处、彻底抛弃传统思想教育的零和思维，个体需要互利、生命需要共存，运用法治思维实现创新思想政治教育方式，要满足生命需要，尤其是当前个

体权利意识逐步浓厚的今天，要注意保护所有个体生命的法治需要，不能厚此薄彼，要讲究程序、注重制度，坚持按照制度规则办事。生命的需求是各不相同、彼此存在很大差异的诉求，法治的多元价值诸如公正、平等、民主、自由等都能充分满足大学生个体的不同价值导向诉求，追求一种无害于各方的状态和利益格局，从而满足生命的法治需求。

(三)用法治提升人性境界的思想政治教育方式

加强公民道德建设，弘扬中华优秀传统文化，增强法治的道德底蕴，强化规则意识，倡导契约精神，弘扬公序良俗。这是《中共中央关于全面推进依法治国若干重大问题的决定》中关于建设社会主义法治文化与公民道德建设的权威表述。在进行思想政治教育时，要运用法治提升当代大学生的人性境界，塑造人文素养与职业素养相融合的生命精神，用法治净化大学生的灵魂、陶冶他们的情操、健全他们的品格，让他们实现人前与独处的统一，内在生命意识与外在行为习惯的一致，把法治作为人生信仰，把法治思维作为基本的社会思维，不断实现身心和谐统一发展。传统的思想政治教育不论在内涵还是形式方面对人性都形成了强烈的束缚和羁绊，即使是有的教育者本身也是在教条宣教、知行分离、双重标准，更遑论受教育者的质疑和排斥，因此，在全面推进依法治国的今天，变革思想政治教育的传统模式，建立以人为本、社会主义核心价值观引领的思想政治教育新模式，充分借助法治的执行力和公信力，切实发挥法治在思想政治教育中提升大学生人性境界的重要作用势在必行。

(四)用法治实现全面发展的思想政治教育方式

思想政治教育的最终理想目标是实现人的全面发展，但教育过程往往苍白无力。笔者是从事法学与思想政治教育教学和研究的教师，平时注意培养大学生的法治思维，提倡运用法治思想教育大学生，融思想教育于法治教育之中，运用法治思想增强思想政治教育的针对性和全面性，力求促进大学生的全面发展，即不仅是学习成绩的优异、个人才能的增长，更重要的是个人修养和品德的提升。公正是法治的生命线。一个追求公正的人，必定是心怀坦荡之人，法治使人心怀公正、追求道德修养；法治同时是一种智慧，法治可以培育大学生的情商，情商使大学生善于处理复杂而棘手的社会问题。无论是道德修养的加强、情商的培育还是思想教育的全面实现，法治始终是一种规范和促进，法治与德治相得益彰便是一种例证，法治可以以规范警示、以制度约束、以价值引领、融情于法、融理于法，促进大学生的道德修养的提高，努力争取相对完善的发展，实现思想政治教育的终极理想目标——人的全面发展和充分发展。

法治为社会和社会主体确定了一种规则，法治认同推崇法治至上，法治认同体现为公民对规则的尊重和敬畏，遵守规则就是守法，守法是法治的最低要求。规则有广义和狭义之分，广义的规则包含一切法律制度、准则、规程、方式、程序、风俗、习惯等。我们所讲的规则是狭义的，不是泛指的，狭义的规则应当首先是不违反法律规定和法治精神的，其次，狭义的规则应当是合乎道德的，是光明的、公开的，这样的社会才是法治社会，这样的公民才是具有法治思维的公民。对规则的尊重和敬畏还意味着公民不盲目崇拜个人力量，不迷信个人权威，个人永远是服从于法治规则的，不论是主张公民权利还是控告违法犯罪，法治思维总是体现为依据权限、服从规则、遵照程序来处理，公民不必担心有什么规则外因素的影响。在规则和制度的规范之下，公民、社会、国家都各得其安，大到政治事件、小到生活事情，大家都充分尊重和敬畏规则，不逾越雷池，这正是法治社会的理想状态。讲到规则和制度，历史上从来就不乏规则和制度，对规则的尊重和敬畏是一种思维方式和心理信念，是主观性的东西，所以讲到法治，我们自然可以得出一个基本结论，法治本质上是一种理念、一种思维、一种认同、一种信仰、一种精神。法治认同比规则本身更为隐性、更为重要，规则只是法治的物质基础和物质前提；法治认同才是建立在规则基础之上的法治的精神要件和思想内涵，精神要件和思想内涵是法治的灵魂。缺少了法治的灵魂，法治只留下物质的躯壳将不再是真正的法治。当前跨学科视野下研究大学生思想政治教育，按照沈壮海教授坚持张扬学术思维、注重科际整合观点的启示，需要实现新的范式转换，我们可以从大学生法治认同视角、按照法治思维的原则和精神来创新思想政治教育工作，已经开始有学者不断地研究和思考，但是，迄今为止，学界还没有非常系统深入的关于法治认同和法治思维在思想政治教育中的价值与运用研究，毕竟这是一个符合依法治国基本方略的发展方向和研究领域，具有鲜明的时代特色。尤其值得注意的是，每当有社会重大事件发生时，法治便屡屡刺激着包括大学生在内的全体社会公民的敏感神经，大学生思想政治教育就会面临着来自现实的挑战，因此，立足法治认同视域、运用法治思维推进思想政治教育创新，全面研究法治认同和法治思维在大学生思想政治教育中的价值与运用是一个值得探究的学术研究领域，这将是一个创新实践的有效运用，有必要从理论的角度，对当代大学生法治认同的法治价值、思想教育价值及思想教育价值的创新实现等问题进行系统探讨和梳理总结、凝练提升。

四、新时代大学生法治认同的意义

大学生是推动国家和社会发展的重要力量，培养大学生法治观念，提高大学生的法治素养，才能为实现依法治国战略目标提供有力的人才支撑。

(一)有利于培养大学生的法治素养，提升法治认同感

法治认同是人们基于内心对于法治的理性认知和情感活动，从而将其转化为符合法治价值和法治目标的实践活动。社会公众的法治认同为法治建设提供稳定的社会心理基础。法治认同的基础是正确的法治观念和一定的法治素养。法治宣传教育是提高法治认同的重要路径。法治素养是现代社会公民的核心素质之一。

大学阶段是增强法治观念、培养法治素养的重要时期。加强大学生法治素养，提升大学生对中国特色社会主义法治的认同是推进全面依法治国方略的时代要求，也是应对疫情防控新问题的客观要求。新冠肺炎疫情暴发以来产生大量新问题，涉及众多法律法规，有的甚至找不到法律依据，分析解决这些新问题，不仅需要认知相应法律条文，具备一定的法律素养，而且需要发自内心的法治信仰与法治认同，才能自觉将抽象的法条融入疫情防控的具体场景，依法应对，将法律知识转化为真实的法治实践。大学生的法治素养代表着一个国家国民的法治素养水准。赢得青年就赢得了未来；只有赢得青年大学生对法治建设的极大认同以

及衷心支持，才能全面推进依法治国，建设中国特色社会主义法治国家。

（二）有利于培育大学生的公民意识，增强国家认同感

大学生是国家的主人，实现中国梦的生力军，必须具有强烈的公民意识。法治理念是公民意识的有机组成部分和重要表现，公民意识成为一个重要动力发展参数，对法治进程产生重大影响。公民依附于国家才能生存，公民意识的形成须以认同国家为前提。国家认同是每个公民对国家的基本态度，核心是对一个国家的民族、历史和文化的认同。在社会主义中国，公民意识和国家认同感强弱的一个重要标志就是其是否传承了中华民族传统文化中的家国情怀。家国情怀是国家认同建构最为牢固的价值基石①。

家是最小国，国是千万家。习近平总书记身体力行，是新时代彰显家国情怀的楷模，他多次强调要增强对伟大祖国、中华民族、中华文化、中国共产党和中国特色社会主义道路五个方面的国家认同。国家认同是凝聚人心、社会动员、政治引导的重要手段。皮之不存，毛将焉附，无国就无家。这次新冠病毒肆虐蔓延之时，故意隐瞒武汉居旅或者接触史，明知感染或者疑似感染，逃避隔离，顾"小家"忘"大家"，甚至还有一些已有感染症状者，却东奔西跑，传播病毒，令人义愤填膺！这些人就是因为公民意识淡薄，没有家国情怀，缺乏国家认同感，丧失责任感、使命感，置集体利益、国家利益于不顾。在国家法律逐步趋于完备的条件下，社会主义公民意识的产生与普及需要接受宪法精神和法律思想的教育过程。因此，加强法治宣传教育是增强大学生公民意识、提升国家认同的重要途径。

（三）有利于增强大学生的规则意识，提高依法应对重大风险的能力

重大风险最易导致人心惶惶、社会混乱。意识决定行动，观念支配行为。较强的规则意识能促使人顾全大局，自觉维护社会秩序。规则意识是现代公民意识的重要组成内容。很多社会灾难事故的发生，都是因为不守规则而导致的。当前

---

① 李春明；人民社会视角下当代中国法治文化认同[T]. 山东大学学报哲学社会科学版，2019.

我国法律实施的最大障碍是规则意识的缺乏，也是目前法律实施不甚理想的主要症结。这次疫情期间，部分地区的疫情防控法规实施效果不佳，出现逃避检测、聚集性感染等问题，暴露出我们的法律制度及其执行存在短板，另外还有一个重要原因，就是公众规则意识的缺乏。当前国际国内形势异常复杂，人类面临各种前所未有的新风险。而抵御重大风险前提是增强防控意识，关键是强化全民的规则意识，提高防控重大风险的能力。近年来，无论是应对暴恐骚乱、金融危机，还是抗击地震灾害、"非典"疫情等自然灾害风险，直至这次的新冠肺炎重大疫情，我党面临一次次重大考验，又一次次转危为安，使中国特色社会主义事业这艘巨轮驶过一个个暗礁险滩，奋勇向前。这些胜利取得的一条基本经验就是依法防控，增强人们的规则意识，保障社会的稳定。疫情过后，利用疫情中的法治素材，在每个大学生心中播下规则的种子，有利于推动法治中国建设的进程，也会提高大学生依法应对和抵御重大风险的能力。

五、疫情防控中大学生法治素养的表现

历次民族危急关头，青年总是走在前列，成为时代先锋。这次全民抗"疫"战争中，"90后""00后"青年大学生没做局外人和旁观者。不少大学生不顾个人安危，毅然报名参战，成为志愿服务者，登记填表，测量体温，发放防疫物资，宣传疫情防控知识、政策法规等，为基层社区做了大量防控工作。这场战"疫"也是一场特殊的法治素养和规则意识的大考。从整体来看，当代大学生在这次考试中成绩斐然，当然也暴露出一些不容忽视的问题。具述如下：

（一）法治意识和规则意识有待增强

调查结果表明，大学生在法治教育方面存在缺失或滞后，整体法律素养不容乐观，导致部分大学生法律意识相对淡薄、法制观念较欠缺。一方面，大学生对中国特色社会主义法律体系缺乏认知，尤其对《传染病防治法》《野生动物保护法》等疫情防控法规知之甚少。因而，面对"封省封城封小区"的法律依据是什么？健康出行扫码个人信息如何保护？怎样保护野生动物？公共场所入口，拒绝

接受卫生检查，行为性质是什么，应承担什么责任？怎样做好外输防控和重大公共卫生事件的国际合作？制售假冒伪劣医用物资，囤积居奇，哄抬物价，散布谣言，谎报疫情等行为，如何定性并处罚等新问题，无法从法律维度分析判断。另一方面，在全民抗疫过程中，部分学生故意隐瞒放假之后的旅行接触史，登记信息不诚信，心存抵触情绪，不配合疫情检查、转发不当视频及发表不当言论等背离法治认同和偏离大学生身份的失当行为。对学校每日疫情信息统计敷衍应付，不如实汇报。这些表现反映出大学生对疫情防控认识不够，对自己在疫情防控中的公民义务和法律义务还不清楚，法治意识和规则意识比较淡薄。

（二）国家意识相对薄弱

国家意识是一国国民在长期共同生活中形成的对整个国家认知、认同等情感与心理的总和。国家意识是国家认同的心理基础。近年来，通过社会主义核心价值观的教育，当代大学生的国家意识明显增强，但对于社会主义法治的性质不少学生还不太清楚，容易受到许多打着人权法治的西方"普世价值观"等错误思潮的误导，出现把全面依法治国的法治与西方法治等同，司法机关依法独立行使职权与西方"三权分立"中的司法独立等同等错误思想，甚至认为西方的法治更好。近期的科学研究成果充分证明新冠病毒的源头不在中国，在此次全球疫情防控中，中国政府最有担当，履行了大国责任，彰显了大国情怀。但在疫情暴发初期，美国等少数国家的新闻舆论却别有用心，把新冠病毒称为"武汉病毒""中国病毒"，谴责中国政府信息公开不及时，对疫情防控不力等污蔑中国的言行，部分大学生却无动于衷，甚至有少数大学生信以为真，起了推波助澜的作用。这些现象反映出部分大学生的国家意识还比较薄弱。

（三）法治思维能力有待提高

法治中国建设的一个基本要求是全民守法，要求全体国民养成良好的法治思维习惯；法治思维是指以法治价值和法治精神为导向，运用法律原则、法律规则、法律方法思考和处理问题的思维模式。调查发现，此次疫情防控中，由于不少大学生对依法防控的重要性认识不够，对防控法规的地位、意义和内容，法治的自由、秩序价值以及法律规定的权利义务的关系等问题缺乏认知，不会运用法治思维分析和应对问题。因而，在疫情防控中，对个人自由出行与社区村组的封闭管理或强制检测发生冲突时，不能自觉运用法治思维处理。另外，还有不少学生遇到与企业、个人签订的合同，受疫情影响，无法实现合同目的，不知怎样依法解除，出现个人信息被侵害等问题时，也不会依法维权。因此，为应对公共卫生突发事件，彻底打赢疫情防控阻击战，必须加强对大学生的法治教育，提高其法治思维和依法维权能力。

第三节　大学生法治认同的必要性

全面依法治国是发展中国特色社会主义的重要保障，是实现国家治理体系和治理能力现代化的必然要求。党的十八大以来，习近平总书记筹谋党和国家前途命运高屋建瓴，提出建设法治中国的宏伟目标，发表了一系列关于法治国家建设的重要论述，并从马克思主义的立场观点出发，深入阐述了法治教育的重要地位和作用。

习近平总书记指出："要在道德教育中突出法治内涵，注重培育人们的法律信仰、法治观念、规则意识……营造全社会都讲法治、守法治的文化环境。"要落实在全社会树立法律信仰、法治观念和规则意识，前提是解决人们对法治的认可问题，即法治认同问题。法治认同是"认同"含义在法治研究领域内衍生出来的概念，指的是人们认可、信任和尊重法治以及愿意服从法治的心理状态。法治认同是全面推进依法治国方略的重要前提，也是保证法律实施的重要社会心理基础。

大学生是国家的未来、民族的希望，是推进全面依法治国实践的生力军。加强大学生法治认同的培育，不仅是建设法治中国的内在要求和践行社会主义核心价值观的现实需要，也是培育时代新人的战略需要。

一、大学生法治认同的科学内涵及必要性

（一）大学生法治认同的科学内涵

"认同"（identity）一词起源于拉丁文 idem，后被用于心理学分析。奥地利著名心理学家西格蒙德·弗洛伊德（Sigmund Freud，1856—1939）认为，"认同"是个体在情感或心理上趋同于群体的过程，是在内心深处对某一事物进行感性与理性分析后，认可、接受并尊重群体的价值观念、行为规范等。英国社会学家安东尼·吉登斯（Anthony Giddens）在弗洛伊德的研究基础上，将认同扩展到社会学理论分析框架中，认为认同是行动者将规则、制度内化的动态过程，并可围绕内化过程对认同进行构建。由此可见，认同是人的一种心理活动，体现了认同主体对认同客体本身及其价值的认可，并且这种心理活动具有可塑性，可在群体生活以及社会过程中形成。

法治认同是社会公众对于法治的赞同态度、支持行为及由此产生的对法治的心理归属感。法治实践业已证明，法治认同是公民法治观念、法治信仰以及规则意识等形成的重要心理基础，实质是社会公众认为法治的价值导向与社会普遍的价值取向处于某种契合的心理状态。而认可、信任、尊重以及愿意服从这一心理状态，需要普遍的法治教育以及公民主体意识的觉醒。

大学生作为法治中国建设的践行者，肩负着推进全面依法治国落实的重任，需要形成与中国特色社会主义法治体系同向同行的法治认同。大学生法治认同，是指大学生认可和赞同中国特色社会主义法律体系的内容、制度、运行机制，以及我国法律体系运行所彰显的"民主自由""理性秩序""权利维护""公平正义"等法治价值。换言之，大学生法治认同既是其对"善法之治"的法治思想的认同，又是其对"以人为本"的法治制度规范的认同，是法治价值认同和法治制度认同的统一。从大学生法治认同内涵来看，大学生法治认同体现着法治客体对大学生主体需要的满足和大学生主体对法治客体价值的认可，是大学生在理性判断的基础上对反映和保护其个人及广大公民合理合法诉求、保障公众权利以及维护国家

公共利益的"良法"的由衷认可和信赖。大学生法治认同并不单纯为大学生个人的心理活动，还包括大学生学习与践行法治的主观能动性，各教育主体间的协同合作，以及大学生与各教育主体之间的互动。大学生在主观能动学习与践行法治的基础上，通过与家庭、学校、社会、政府等法治教育主体良性互动，强化对法律原则、法律制度规范等学习和认知，进而做出认可性评判。

(二)培育大学生法治认同的必要性

培育大学生法治认同是推进国家治理、建设法治中国的内在要求。全面依法治国的实践业已证明，推进法治中国建设离不开全体公民的广泛支持与普遍认同。可以说，法治认同是法治中国建设的前提，在推进法治中国建设中处于最基础的地位。大学生作为参与法治中国建设的高素质群体，是法治中国建设的生力军，其法治素养的培育和法治认同的提升，对促进全面依法治国方略的落实、推动法治中国建设，具有引领方向、凝聚力量的重要作用。

培育大学生法治认同是达成价值共识、践行社会主义核心价值观的现实需要。法治作为社会主义核心价值观的核心组成部分，是社会文明的基石。增强大学生法治认同，以及大学生法治观念和规则意识，是培育和践行社会主义核心价值观的内在要求。一方面，法治中所蕴含的自由平等、公平正义理念，同社会主义核心价值观倡导的价值观念具有内在一致性，大学生认同法治的内在价值可以促进大学生对社会主义核心价值观的认同；另一方面，法治以其权威的制度规范，可使得与社会主义核心价值观相契合的行为得到倡导与鼓励，并对与社会主义核心价值观相违背的行为进行约束限制，为大学生践行社会主义核心价值观提供法治约束和法理指引，为践行社会主义核心价值观提供法治保障。

培育大学生法治认同是提升公民法治素养、培育时代新人的需要。培育时代新人，是党和国家在新的历史方位中深刻认识时代使命提出的崭新课题。在决胜全面建成小康社会、取得中国特色社会主义伟大胜利的新时代，不仅要求大学生保持坚定奋进的精神状态、具备踏实肯干的担当精神，还应提升包括法治素养在内的综合素质。良好的法治素养是新时代大学生综合素质中不可或缺的重要组成部分，提升大学生法治素养、培育担当民族复兴大任的时代新人已成为当前人才培养的紧要任务。通过"法治认同"引导大学生法治素养培育，可使法治的价值观念和制度规范内化于心，增强大学生对社会主义法治思想及制度体系的认可，不仅可使大学生自觉拥护和赞同中国特色社会主义法治道路，而且还可使大学生将这种赞同和拥护转化为责任担当，有助于促进大学生法治素养提升、强化时代新人培育效果。

二、大学生法治认同形成的内在机理

就认同本质而言，法治认同如其他认同一样，具有建构性和可塑性，有其内在的形成机理，其形成和发展随着社会条件的变化而变化。梳理大学生法治认同生成的内在作用机理，明确培育主体与客体的相互作用关系，对大学生法治认同培育具有重要的引领作用。大学生法治认同的形成机理主要包括以下三个方面。

(一)需要导向机理

需要理论是马克思主义理论体系的重要组成部分，为我们探求大学生法治认同形成之道提供思想指导。马克思主义认为，人的需要具有天然必然性，需要是人类心理结构中最根本的东西，是人类个体和整个人类发展的原动力。以马克思主义需要理论为出发点可以得出，大学生法治认同形成的根本在于法治能满足大学生的现实需要。在提升大学生法治认同方面，各培育主体需立足大学生现实的公共生活，以满足大学生利益实现与权利保障的需要为切入点，给"法治"以"权利维护"的价值解析，加强大学生对法治"以人为终极关怀"的感受和体认，使大学生认识到法治所蕴含的利益和价值与他们的需要和价值期盼具有一致性，进而对法治内在的价值理念产生共鸣①。而个人与社会具有辩证统一的关系，个人发展离不开社会，社会发展亦需要个人及集体的共同努力，必须使大学生认识到法律在保障自身权力方面的重要作用，并必须严格遵守既定的行为规范。在满足个人法治需要的同时，大学生还应为社会发展和全面依法治国落实尽义务、担责

---

① 王会军.中国特色社会主义法治理念研究[D].东北师范大学博士论文，2014.

任,通过自觉学习法治知识、践行法治行为,为中国特色社会主义法治体系和法治中国建设贡献力量。

(二)主客体互动机理

在大学生法治认同培育过程中,教育主体与客体存在辩证统一关系。一方面,主客体之间存在对应关系,政府、学校、社会与家庭等教育主体处于中心指导地位,担任法治认同教育者的角色,通过直接或间接方式向大学生传递法治教育信息;而大学生作为客体,担任被教育者角色①。另一方面,主客体之间存在统一关系,教育者向被教育者传递法治认同教育信息,影响被教育者的法治认同发展方向;而被教育者具有主观能动性,在接受法治教育信息后,经分析考虑与参与法治实践,向教育者传递反馈信息,使得教育者有针对性地调整教育内容与方法。因此,大学生法治认同的主体与客体在一定条件下,相互作用,相互影响,相互促进。在大学生法治认同的培育过程中,应强化主客体之间的良性互动,明确教育者与被教育者的主客体角色,发挥教育者的引导及培育作用,同时教育者应明晰大学生的法治需要,尊重大学生的主观能动性,充分发挥其主体性和参与性在法治认知提升中的重要作用。

(三)系统协同机理

协同理论由德国学者赫尔曼·哈肯(Hermann Haken)提出,主要研究系统内各子系统之间的协调、互补、同步与合作关系,该理论表明系统协同产生的整体效用大于单个子系统简单相加的总和。根据协同理论原则,可将影响法治认同的形成分为五个方面,它们组成一个完整的系统,其中各子系统分别为政府系统、学校系统、社会系统、家庭系统和学生系统。在促进大学生法治认同形成方面,系统协同的重要前提是结合大学生的法治需求与时代特点,明晰培育目标。结合子系统的优势,分解法治认同培育目标,确定各子系统培育任务,从而将各自单一优势进行有机合成,实现大学生法治认同培育过程的资源共享与整体协作。与此同时,在大学生法治认同培育过程中,还应注重各个子系统之间的良性互动与

---

① 陈玉祥.法治原则认同与国家软实力[J].法制与社会,2014.

协同发力，充分发挥各子系统的正向效应，促进法治认同的培育。

当代大学生法治认同的形成与发展，涉及政府、学校、社会、家庭以及大学生五个方面，各方相辅相成构成一个复杂的系统。由此，可以构建"五位一体"的大学生法治认同现实路径，以促进大学生法治认同的形成与发展。

广义的政府是指行使国家权力的所有机关，包括立法机关、行政机关和司法机关。法治政府既是法治社会法治国家建设的题中之义，也是增强政府公信力、提高大学生法治认同的前提。加强法治政府建设，推进政府科学立法、严格执法、公正司法，对弘扬法治精神具有重要示范引领作用。此外，政府加强法治文化建设的政策引导，为大学生法治认同培育提供引领及保障。

完善政府立法体制，推进法治政府建设。立法机关应完善立法体制，增强政府立法的系统性、科学性和公正性。同时应重点关注公民权益保障、社会治理创新以及政府权力规制和权力监督等方面的立法，还应建立健全公众参与机制和意见反馈机制，强化大学生对法律利益维护等方面的认知，提高大学生对政府立法的认同度。

加强政府公正文明执法，树立政府良好法治形象。公正是法治的生命线，文明是法治的内在要求，行政机关应完善执法体制及程序，提高政府执法效率、规范政府执法行为，同时还应创新非强制性行政执法方式（针对不同执行人采用更具人性化的执法方式），并坚持公正文明执法，维护包括大学生在内的社会成员的切身利益，树立政府良好法治形象。

提高政府司法公信力，引领社会公平正义。司法是法律实施的重要环节，司法的公正与否事关法治政府建设效能，事关社会公平正义。司法机关应从满足公民对公平正义的期待角度出发，坚持程序正义与实体正义并重，建构司法正义的体制机制，加强司法制度的公正性、高效性与权威性建设，完善人权保障制度，约束司法公权力，严惩司法腐败，提高公正司法能力。同时司法人员应强化法治思维，在处理法治案件中坚守法治规则、秉公司法，及时有效保护公众合法权益，提高司法公信力，使大学生感受到法治的公平正义，促进大学生对法治规则及价值的认可和赞同。

强化法治文化的政策引导作用，引领法治文化建设。法治作为社会主义核心价值观的重要组成部分，是建设法治中国的精神支柱。政府应加强法治文化建设方面的政策引导，在社会和学校充分发挥和利用文化宣传、新闻广电以及网信等多种媒体的引导和广而告之作用，引领社会法治思潮，使全社会形成共同的法治理想信念，促进大学生法治认同。

高校在大学生法治教育中起主导作用，是提高大学生法治认知、培育大学生法治认同的主阵地。《青少年法治教育大纲》强调："高等教育阶段要把法治教育纳入通识教育范畴，将法治教育内容落实到各学科课程的教育目标中，并加强校园法治文化建设，营造校园法治教育氛围。"因此，高校应改进大学生法治教育教学模式，加强大学生法治教育实践，通过加强法治教育课程建设、完善法治教学与实践方式、营造良好法治校园环境，依此强化其法治意识，增强其法治认同。

加强法治教育课程协同，构建全方位法治教学新格局。课堂教学是高校法治教育的主渠道，高校应加大法治通识课程建设力度，开设法治基础课及相关课程作为公共必修课，为高校法治教育提供引领、支撑和示范作用。同时高校应深入挖掘各专业课程的法治教育元素，并加强专业课程与法治基础课的协同创新，形成协同效应。

创新法治教学方式，提升法治教育效果。高校应加强高素质教师队伍建设，增强教师队伍的法治素养和业务能力，充分尊重学生主体地位，改变传统的灌输式教学方式，积极探索和运用体验式、参与式等以学习者为中心的教学方式，通过搭建师生双向沟通平台，鼓励学生积极参与课堂交流学习，引导学生自主学习法治知识，培养学生学习法律的兴趣。

大力推进依法治校，营造良好的法治校园环境。依法治校作为依法治国的组成部分，是依法治国在教育领域的实践创新。高校应积极参与落实教育行政管理部门"放管服"改革，依据法律法规建立健全学校章程和教育教学制度，完善大学生权益保护机制、搭建大学生诉求反馈渠道、建立内外部风险防控机制和纠纷化解机制，以优化学校治理结构。同时，高校领导干部和主要管理人员应增强运用法治思维和法治方式处理学校事务的能力，引领教职工将法治观念与法治思维寓于高校的大学治理、教育教学和后勤服务等全过程中，以营造良好的法治校园环境，培养大学生法治思维，促进大学生法治实践认同。

建设法治社会，不仅需要党和政府的统筹管理，也需要社会团体、社会服务机构、基金会等社会组织的配合和参与。社会组织积极参与社会治理，推进法治社会建设，不仅是全面依法治国的内在要求，也是为培育大学生法治认同提供力量支持、营造良好社会氛围的现实需要。党的十九大报告强调了社会组织在宣传贯彻党的方针政策、参与社会治理方面的重要作用，"要以提升组织力为重点，突出政治功能，把社会组织等的基层党组织建设成为宣传党的主张、贯彻党的决定、领导基层治理、团结动员群众、推动改革发展的坚强战斗堡垒"。社会组织凭借其所具有的社会资源，对法治社会建设具有重要的推动作用，应积极参与大学生法治教育工作，为培育大学生法治认同提供力量支持和文化依托。

参与社会治理，助力法治社会建设。社会组织作为政府与公众之间的桥梁纽带，是社会治理的重要参与者，应积极参与社会矛盾调解和纠纷解决，并协助构建乡规民约、行业自律公约等法治社会"软法"体系。同时，社会组织在日常运行过程中，还应提升自我约束与管理能力，将法律规定内化为自身行为准则，树立规则意识和契约精神，使法治成为全体社会组织成员的共同信仰和行为准则，从而为大学生法治认同的形成提供良好的社会氛围。

承担法治教育责任，助力大学生法治认同。社会组织应承担法治教育责任，支持学校法治教育项目的开发，并参与校园专题普法教育，通过案例分析、现身说法等方式，提高大学生分析问题和解决问题的能力，增强大学生的法治意识。

强化法治宣传和舆论引导，提高法治宣传教育效果。社会组织自身具有较强的社会影响力，在我国宣传教育和舆论引导格局中占据重要地位。社会组织应充分发挥自身优势，强化对法治的正面宣传和舆论引导，借助新媒体和传统媒体等平台和载体，着力打造一批集思想性和趣味性于一体的高质量法治宣传与舆论引导作品，可通过大学生喜闻乐见的信息表现形式(如动漫、电影、宣传片、微视频)进行法治宣传教育，以培养大学生的法治精神、依法行事，增强大学生守法用法意识。同时，针对热点法治事件的舆论引导问题，可邀请相关领域专家学者，通过新闻评论形式，从法治视角清晰直观地解析热点事件，以明辨是非、彰显法治价值，将公平正义的法治价值观融入大学生法治认同培育之中。

家庭教育对大学生法律人格的健全具有基础性作用，在大学生法治认同培育活动中担负重要的责任和使命。家长应积极回应新时代人才培养需要，发挥家庭奠基性作用，保持家庭法治教育和学校法治教育影响的一致性，助力大学生法治认同培育效果的整体提升。

增强自身法治素养，更好发挥法治教育功能。基于家庭成员之间交往的信任与依赖关系，父母的言传身教直接影响子女的法治认同。父母应自觉加强法治知识的学习，努力提升自身法治素养，并将法治规范作为自身行为准则，以实际行动为子女学法守法做好表率。同时，家长应指导子女处理日常生活中遇到的涉法问题，引导子女通过法治方式维护和行使自身权利，并教导子女积极履行法定义务，促进大学生通过积极的法治体验产生对法治的信赖和敬畏之情。

创造和谐的家庭氛围，培养大学生健全的法治人格。家长应转变专制型教育方式，营造民主和谐的家庭氛围，尊重子女独立人格，并鼓励他们积极参与家庭决策，使其在和谐的家庭氛围中形成正确的世界观、人生观和价值观，从而实现对制度观念的正确认知和对法治的认可赞同。

加强子女德行养成，增强法治认同的道德底蕴。法律是成文的道德，道德是内心的法律，良好的道德修养对大学生法治精神的形成具有滋养和教化作用。家长应加强对子女的道德文明教育，提高其思想道德素质，同时注重在道德教育中突出伦理道德与法治价值的融通，通过道德教化引导大学生自觉树立规则意识和法治信仰，为大学生认同法治奠定思想道德基础。

大学生法治认同实质上是大学生对法治存在价值的肯定性评价，源于其对法治正面的情感体验。而大学生参与学法用法实践的主动程度，直接影响这一情感体验的获得，影响其对法治的认可度。因此，大学生应积极响应时代召唤，增强公民意识与权利意识，提高主体性认知，积极参与公共生活、投身学法用法实践，加强自我教育和自我管理，养成遵法守法的好习惯，把个人成长成才融入推进全面依法治国、实现中华民族伟大复兴的进程中去。

增强主体意识，自主学习法治知识。大学生应增强主体意识，清晰认识到自身作为法治社会成员，不仅是义务性守法的客体，更是权利性用法的主体。大学生应增强依法维权意识，提高学习法治知识的主动性和自觉性，充分利用身边的教育资源加强法治知识学习，为通过法治方式维护自身权益和国家利益奠定坚实知识基础。

积极参与自我管理，养成规则意识。在校园学习生活过程中，大学生应积极参加学生会、社团等学生团体组织，提高自主管理与民主协商能力，形成制定规则公约、依照规则办事的良好习惯，培养法治观念与法治思维。同时，还可组建法治兴趣小组与法治实践团体，通过小组讨论、知识竞赛、走访调研等形式，研究相关热点法治问题、参与法治实践。

积极参与社会法治实践，深化法治内涵认知。"法治"的最终目的在于规范社会生活秩序、保障公民权利。大学生积极参与社会法治实践对法治认同的生发具有重要意义。大学生应树立公民意识，积极参与社会公共生活，依靠法治方式维护自身合法权益，在法治实践中增强依法维权能力和法治思辨能力，进而深化对法治价值的理性认知，达成大学生认同法治的价值共识。综上所述，在大学生法治认同的形成与发展过程中，一方面，需要学校、政府、家庭、社会各子系统注重调整系统内部法治教育要素，以实现各子系统之间的配合协助，同时大学生作为受教育主体需充分发挥主观能动性进行自我教育；另一方面，需要政府对学校、家庭、社会及大学生各子系统进行调控，突破法治认同教育资源的分割壁垒和信息的不对称，通过各子系统之间的法治资源共享、法治认同教育状况的交流互通，实现各系统之间的互动联结和法治教育资源的优化配置，促进大学生法治认同生成。

第四节　疫情期间大学生法治认同的价值

2020 年春节前夕，新冠肺炎疫情突如其来且异常凶险，一时间，全国各地纷纷启动重大突发公共卫生事件一级响应，并实行严格的社会管控措施。这场全民参与、艰苦卓绝的疫情防控阻击战，在考验各类社会主体、各级社会组织责任和担当的同时，也为大学生法治认同的有效提升提供了重要契机。

一、重大疫情应对需要法治护航

从表面上看，新冠病毒直接威胁的是公共卫生安全和公民身体健康，与法治并无多大关联，然而，就在全国人民齐心协力抗疫之时，有人恶意地将公共卫生风险传导至社会稳定领域，通过危言耸听的语词、推文造谣惑众以及来源不明的短视频、聊天记录、截图等叠加公众恐慌，也有人甚至不惜以违法犯罪之手段制假售劣、哄抬物价、肆意敛财，还有人在明知自己已感染或疑似感染病毒的情况下隐瞒病情拒绝强制隔离或治疗。应对非常之疫，必须打响法治之枪，将疫情防控上升到法治层面，筑牢法治之网，强化法治保障，以法治思维、用法治方式、在法治轨道上扎实推进疫情防控的系统性工作。

2020年2月5日，习近平总书记主持召开中央全面依法治国委员会第三次会议并强调："要从立法、执法、司法、守法各环节发力，全面提高依法防控、依法治理能力，为疫情防控工作提供有力法治保障。"

事实上，越是在疫情防控的重要窗口期和关键攻坚期，越要坚持全面依法治疫，包括着力完善相关立法强化配套制度，严格执行相关公共卫生和应急处置法律法规，依法加大对妨害疫情防控之违法犯罪行为的司法打击力度，积极组织疫情防控普法宣传、引导群众依法支持与配合各项工作。从全球范围看，法治化程度较高的国家和地区，对于重大公共卫生突发事件的风险化解和防治应对能力总体处于较高水平。非常时期绝非"法治的真空期"，由于重大公共卫生事件暴发突然、随机性强、可防备性弱，一旦发生后蔓延迅速、扩散面广、控制极难，应急状态下的政府往往被赋予远超平时的"非常公权力"，以有效维护非常形势下的社会公共利益和公共秩序。与此相对应的是公民、企业等主体的私权受限，如因全域交通管制、全面封闭管理而导致的公民出行自由受限、因推迟开工复产而导致的企业经营自主权受限等。这种内容变化、边界设定及其力量关系的此消彼长，必须有充分的法律依据、恪守正当的法律程序，并由法定部门重新进行权威性配置。另外，对于各类破坏、妨害、干扰"战疫"行为的法律定性及其责任承担、疫情防控期间企业面对的法律问题及其应对（如合同履行、工资支付、减岗裁员、商品与服务的质量保证及市场定价）等，也都需要国家或地方相关部门依法及时作出解释和回应。2020年2月3日，最高人民法院通过央视《焦点访谈》栏目，针对疫情期间超常规措施的合法性问题，从我国《传染病防治法》等相关立法的视角进行了权威性解读，明确了不少地方未经批准擅自采取设卡、堵截、堵路和断路等"硬核"举措的违法性。最高人民法院等"两高两部"联合制定的《关于依法惩治妨害新型冠状病毒感染肺炎疫情防控违法犯罪的意见》、国家卫生健康委等三部门联合印发的《关于做好新型冠状病毒肺炎疫情防控期间保障医务人员安全维护良好医疗秩序的通知》，就是疫情暴发后为有力保障疫情防控启动的应急立法。北京、上海、浙江、广东、河北、江苏和吉林等地的人大常委会，依据国家上位法出台了疫情防控的地方性立法，对地方政府在紧急状态下的职能与责任、相关社会组织和公众的权利及义务作出了规定，为突发疫情下的政府治理和社会自治提供了法律依据。

二、重大疫情应对是提升大学生法治认同的重要契机

法治认同是公民在感性经验与理性认知的基础上，对经由法治确认并保障的秩序、权利、正义和自由等基本价值的接受与认可，并基于对法治的理解、尊重、信任和赞许等心理状态而实施自觉遵守、自愿服从、坚定捍卫法治规范的行为。"法治认同的生成是建成法治国家的前提，也是法治社会运行的基础。"只有获得公众的真心拥护和真诚信仰并在他们的精神世界里生根发芽，法治才能产生强大而持久的生命力。大学生是新时代建设法治中国、建成法治强国的中坚力量，其法治素养直接关系到法治国家建设进程。然而，由于现代立法的日趋专业化及其易于形成的法治认知壁垒、高校法治教育的重知识传递轻理念生成、部分缺失社会责任感的媒体在涉法信息传播和价值引导中的失当行为等原因，不少大学生并不具备与其知识水准相对应的法治认同度，具体表现为法治认知偏差、法

治情感淡漠、尚法精神失落和法治共识阙如等。重大疫情防控，使全社会迅速进入非常时期，在客观上形成了对公众尤其是大学生群体进行有效法治教育、快速提升法治认同的重要契机。法治要真正扎根于具有较高文化修养和知识水平的大学生心中，最为有效的路径是基于其亲历的生活实践对其已获取的法律基础知识进行连接、整合、确认和内化，进而产生对于法治的迫切需要和发自内心的强烈认同。我国各省(市、区)依法依规先后启动重大突发公共卫生事件一级响应，并通过依法采取全面排查、隔离观察、禁止集聚、疫情监测、医疗救治、疫情公开、物资保障以及宣传教育等措施，坚决遏制疫情蔓延，保护人民群众的生命财产安全。在重大疫情应对中，国家打击了散布谣言、传播病疫、制假售劣和哄抬物价等违法犯罪行为，丰富了法治实践形态。所有这些都为大学生法治认同的开展创设了机会，促使大学生认识到法治对于重大疫情防控、社会危机应对、公共秩序保障的重要性和无可替代性，认识到法律的制度设计及其实践运行绝非从外部移植或人为设计并加诸社会之上的，认识到"法律并无什么可得自我圆融自洽的存在，相反，其本质乃为人类生活本身"。

三、重大疫情应对中大学生法治认同的提升维度

在这场全民参与抗击的疫情防控战中，大众传媒尤其是以数字信息技术为基础，以大容量、全球性、实时和交互为传播特点的新媒体，通过图文专题报道、微视频和高清组图等方式，从法治的分析视角实时追击和评论全国各地疫情防控的动态信息，为大学生公民意识的唤醒、已有法律知识的活化、"法治利民"心理图式的搭建，以及法治价值具象图景的生成等创造了可能。概括地说，重大疫情应对之于大学生法治认同的提升，主要体现在身份、认知、利益和价值四个维度的作用力上。

(一)身份维度：唤醒现代公民意识

作为社会意识的重要形式和法治国家的建设根基，公民意识是指公民对于自身在国家和社会中的政治与法律地位的自我认知。主体、权利、责任、参与、规

则及监督等意识，是现代法治中公民意识的基本内容。疫情防控战为唤醒大学生的公民意识、帮助大学生形成公民的身份自觉提供了坚实的基础。面对疫情的巨大危害性和防控的复杂性，所有人都是这场战役的参与者和贡献者。要打赢这场没有硝烟的战争，不仅需要"向死而生"的前线勇士，更需要普通公民步调一致不添乱、国家需要时挺身而出。不做疫情局外人的身份确认，能促使大学生意识到：公民个体作为危机管理中的客体，应根据"公共利益至上"原则全力配合和自觉执行政府的合法管控措施，并在一定程度上限制自身的权利与自由；与此同时，公民个体又是疫情防控的主体，应依法履行及时报告传染病病人或疑似病人、不编造和传播有关疫情的虚假信息等法定义务。重大疫情的应对也促使大学生真正感受到，每一个公民都是一块抗击传染病魔的"防疫砖"，只有政府、社会和公民之间联防联控、群防群控，才能全面激活每一座城市、每一个乡村的"免疫系统"，铸就疫情防控的"铜墙铁壁"。因此，全民齐心共抗病疫的实践经历，有助于大学生在公民身份的框架下多角度地审视公民意识的社会功能，解析主体、权利和责任等诠释公民意识关键词的法治意蕴，并在此过程中逐步实现对于公民角色及其价值理想的自觉认同。

(二)认知维度：活化已有法律知识

"思想道德修养与法律基础"是全国所有高校一年级本专科学生必修的一门思想政治理论课。该课程中的法律基础部分包括法理学、宪法、主要的实体与程序法、法治体系、法治道路、法治思维、依法行使权利与履行义务等教学模块，涉及的法律知识十分广泛，教学容量相当庞大。要想在一周三学时的一个学期中完成对大学生的道德与法治教育，且将既定教学内容讲深、讲透，其难度不言而喻。现实中，不少教师在讲授法律基础部分内容时，以追求法学知识体系框架的完整性为导向，力求面面俱到地讲解各个知识点，其结果只能是蜻蜓点水，很难使学生将法学理论知识内化为清晰准确的法治认知。运用知识分析和解决问题，是活化知识的最好方式。全民共同抗疫这一特殊时期及其所涌现出来的为公众所高度关注的涉法案例，客观上为大学生活化已有法律知识提供了鲜活的素材。在重大疫情应对中，权威媒体对相关问题从法治视角作了深度聚焦，微信、QQ、抖音、快手和知乎等社交平台对大量涉法事件作了开放化、互动化、社群化及个性化的讨论与交流，这些信息资源成为大学生与其已有法律知识的高效连接器。"法治认知并非单向的信息输入过程，而是主体主动调动内部信息资源对涉法信息在理解的基础上获得的整体性认识。"

(三)利益维度：搭建"法治利民"心理图式

法治认同的重要来源之一，是公众对"法为国所需、法为民所立""法治建设是人民利益保障的基石"等命题的肯定和认可。法律经济学家波斯纳(1994)指出："服从法律更多的是一个利益刺激问题，而不是敬重和尊重的问题。"事实上，彰显以人为本、尊重民众需求、体现民众利益的法治运行，能有力促成公民基于其主体的价值权衡而产生对法治的理解、信任、服从等积极情感，进而有效提升公民的法治认同。疫情暴发以来，"以习近平同志为核心的党中央高度重视疫情防控工作，特别注重运用法治方式和手段，动员凝聚法治力量阻击疫情"。无论是根据我国已有的《传染病防治法》等相关立法科学推进疫情防控，还是疫情暴发后国家和地方层面纷纷启动针对疫情的应急立法，或是行政执法与司法领域中系列典型案件的依法快速办理，所有这些法治实践都是为了防止疫情蔓延、保障人民生命健康安全、维持正常生产生活秩序，都是为了深入贯彻习总书记强调的"要把体现人民利益、反映人民愿望、维护人民权益、增进人民福祉落实到依法治国全过程"。大学生在亲历这场重大疫情应对的过程中，不难从知识群体的视角深刻认识到为疫情防控穿上法治"防护衣"、用法治筑牢疫情防控安全线的实践举措与人民利益保障具有目标指向上的高度一致性，明确法治实践推进与人民利益维护两者间的密切相关性，并以此为基础推动自身搭建"法治利民"的稳定心理图式。

(四)价值维度：生成法治价值的具象图景

法治作为现代国家治国理政的基本方式，奉行法律至上、维护公平正义、保障公民权利、制约公共权力、恪守正当程序，充分体现了对秩序、权利、正义和自由等价值的不懈追求，展示了人类在国家治理和社会管理中的理性与智慧。公民对经由法治确认并保障的基本价值的认同，是法治认同的核心。全社会动员凝聚法治力量阻击疫情的过程，为实现我国法治基本价值的具象化传递、为大学生以可感可触的方式深入理解抽象复杂的法治价值提供了一个具象图景。以法治的秩序价值为例，疫情暴发以来，全党上下和全国人民团结一心、众志成城，始终坚持总书记"疫情防控全国一盘棋"的指示精神，坚决服从党中央的统一指挥和领导，用法治思维和法治方式有序推进疫情防控的各项工作，使我国总体上实现了社会生产和人民生活的稳定有序。这对于我国这样一个人口大国而言是极为不易的，也从根本上彰显了中国共产党领导的中国特色社会主义法治对于助力政府善政、实现国家善治、构建社会良序所具有的突出意义①。以法治的权利价值为例，疫情暴发以来，总书记亲自部署"战疫"，反复强调要"全力以赴救治患者""坚决做到应收尽收""加快研发有效药物"，全国各省(市、区)政府层层落实责任，尽一切可能提高收治率和治愈率、降低感染率和病死率，充分体现了依法治疫过程中对公民的平等权、生命权和健康权等宪法基本权利的尊重。即便各地在紧急状态下实施的减少人员流动、遏制疫情蔓延的非常态管控措施及其所导致的对公民自由权利的克减，也是为了从根本上保障公民的生命健康权这一法定不可克减、不可限制的权利。此外，我国政府在疫情信息发布上的及时准确和公开透明，也赢得了世界卫生组织和国际社会的高度赞誉，疫情防控中实施的一系列加强信息公开、保障公民知情权的做法，都充分展现了对本国和全球公共卫生安全高度负责的大国形象。在依法治疫的实践中，行政执法与司法部门对涉疫系列案件的及时办理或审理，让公民感受到了公平正义，这也能直接有效地促使大学生感受到"公平正义是社会主义法治的价值追求"。

四、重大疫情应对中增强大学生法治认同的两个向度

认同的本质就是价值观的共识，其形成需要历经知情意行的演化。其中，认

---

①　李永忠. 马克思人民社会理论视阈下的中国公民社会建设[D]. 西南交通大学博士论文，2019.

知是基础，行为是关键，始于认知并成于实践。在化危为机的过程中，应特别注重从"知""行"两个向度增强大学生的法治认同，不断夯实大学生对于中国特色社会主义法治的忠诚、信赖和遵法崇法的心理根基。

（一）努力构建多元化认知提升系统

以疫情应对为契机提升大学生法治认同，主要包括涉疫普法宣传、以思政课教师为主体的高校思政工作者的拓展性学习引导和大学生群体的自主学习成长等。

1. 国家相关机关和各类传播媒体的涉疫普法宣传。疫情暴发以来，国家相关机关(主要是行政执法与司法机关、监察委)重点针对疫情防控中高关注度和高影响力的案件、公众反映强烈的案件、高发频发的案件、震慑警示效果突出的案件，通过"以案释法、以案普法"，有效发挥了法治宣传的引领、规范和教育功能，打好了重大疫情应对中法治宣传的主动仗，并以此为大学生群体法治认知水平的快速提升铺设了信息输入通道。此外，相当部分有责任担当的传播媒体紧扣新闻亮点与法治宣传的契合点，聚焦疫情防控中的典型案例，以"迅速、全面、精准"为报道要求，以案件所涉法律法规的宣传为重要目标，以回应法治需求、引导群众依法行事为根本指向，进行了大量接地气、有声势、具成效的法治宣传报道，凝聚起强大的"战疫"正能量，也为大学生在相关法治问题上拓宽视野、深化认识、内化认同提供了丰富的资源。2020 年 2 月，全国普法办应时、应势、应需组织开展了"防控疫情、法治同行"专项法治宣传行动，强调要落实"谁执法谁普法"的责任制和"媒体公益普法责任制"，为疫情防控提供了有力的法治保障和良好的舆论环境。为此，国家相关机关和各类传媒针对疫情防控中的重要涉法问题，结合典型案例，深入宣传《传染病防治法》《突发事件应对法》《突发公共卫生事件应急条例》《公共场所卫生管理条例》等与疫情防控密切相关的法律法规以及《刑法》《治安管理处罚法》《野生动物保护法》《国境卫生检疫法》《民法总则》《劳动法》《劳动合同法》《合同法》《食品安全法》等与疫情防控有一定关联性的法律条文，并特别注意普法宣传中新媒体、新技术的充分利用，注重将普法宣传与疫情防控中适用法律的执法、司法过程贯通起来。从全国范围看，涉疫普法宣传形式多样、内容丰富，除了以案释法这一基本形式外，普遍采取的形式还有：在政务"两微一端"开辟专区和设置飘窗集中推送法治宣传资料；汇编并发布疫情防控法律手册(电子书)；向手机用户推送涉疫法治公益短信；组织网上的专项法律知识竞赛；开展涉疫法治动漫微视频作品征集展播活动等。

2. 以思政课教师为主体的高校思政工作者的拓展性学习引导。高校思政工作者尤其是思政课教师应善于化危为机，以疫情防控法治宣传中高频涉及的法律知识点、被激活的大学生已有法律知识为突破口，顺势而推，以点带面地鼓励和引导大学生深入学习与疫情防控相关的法律法规，从部分涉疫法律条文的学习延伸至整部法律法规的系统性研读，进而拓展至更广泛的法律部门及所包含的同类法律规范，并在此过程中不断提升大学生对于中国特色社会主义法治体系的基本框架、法治实施监督与保障系统的具体运行、法治核心价值理论等问题的认知广度与深度。当然，教师的学习引导可以因各自专业背景的不同采取差异化的方式。对于具有系统法学学术背景的教师来说，可以在"思想道德修养与法律基础"等必修课程之外积极开设法律类选修课程，如"合同法实务与热点问题""法律与生活""消费维权与劳动维权""证据发现与推理""婚姻家庭法趣谈"和"影视中的法律"等，都是目前国内部分高校开设的"网红"课程，通过丰富多彩的法律选修课，拓展大学生的法学知识视野，掌握正确理解与运用法律的方法，提升大学生参与法治实践的主动性，养成自觉守法用法的思维习惯和行为方式。

对于不具有法学学术背景的教师来说，可以通过推荐大学生学习"国际名校公开课""中国大学视频公开课""中国大学 MOOC"等平台上的相关课程，如"法与现代社会""物权法""法律与人格尊严的准则""侵权责任法专题讲座"和"婚恋家庭法律必修课"等，或是推荐观看《今日说法》《法治进行时》《道德与法治》《天网》和《拍案说法》等知名电视法治节目，并在这些理性与趣味并存、法律知识与法治精神兼具、思维启迪与行为引导共进的课程及节目的学习和观看过程中，帮助大学生加深法治认知、涵养法治情感、培育法治思维，持续生成大学生法治认同的内在力量。

3. 大学生群体的自主学习成长。大学生群体法治认同的培育与提升，固然离不开国家机关、大众传媒和高等教育机构等的规范性输出，但此类输出的基本作用是外在的激发、促进、帮助和推动，真正的实践效用取决于大学生群体的自主性知识吸纳和自觉性认知建构。大学生只有把"知法""信法""爱法""用法"视为现代法治国家公民的基本素养和未来成长发展的重要素质，进而产生发自内心的强烈学习动机，才能在外界各方力量的推动下，在法律知识无处不在、法治宣传随手可及、法治故事可感可触的现实生活场景中，形成畅通高效的个体知识输入、内化与升华的通道。

(二) 积极实施输出性法治实践

大学生对社会主义法治的接纳和遵从，固然是群体法治认同最重要的表现，但仍不是完整意义上的认同，因为真正的认同必须基于主体对客体制度建构及实践运行的自觉介入，并于其间充分释放主体的能动性。"大学生群体的心智尚未成熟，社会生活阅历浅，仅靠书本的灌输和领悟难以真正地理解法治在现代社会的价值意蕴，换言之，实践过程的参与对这一群体实现对法治的认同极为重要。"大学生可从如下三个方面积极实施输出性法治实践，并在持续稳定的输出过程中提升认知水平、优化价值体认及强化法治认同。

1. 严格遵纪守法，做奉法之楷模。遵纪守法是全体公民必须遵循的基本行为规则。大学生理应自觉强化规则意识、树立正确的权利义务观，成为社会成员中遵纪守法之标杆、尊法用法之楷模。在疫情防控期间，某高校的两名学生因违规提前返校、瞒报个人信息而受到学校的警告处分，究其原因是当事人缺少应有的规则意识，缺乏对"灾难面前只有人人遵守规则才能人定胜天""非常时期个人权利必须服从社会整体安全利益"的自觉认同。

2. 积极参与营造法治氛围、传播法治文化、弘扬法治精神的法治宣传活动。在重大疫情防控期间，大学生可以参与其所在地组织的相关法治宣传，事实上已有相当部分的返乡大学生以疫情防控青年志愿者的身份承担着相关法律知识的宣传工作。平时大学生可在各类新媒体平台上就相关社会热点作出理性发声，积极传递法治正能量，助推公众在法治轨道上凝聚社会共识、汇集奋进力量。

3. 以建设者的心态参与立法讨论。按照我国目前的立法程序，无论是新法的制定还是已有法律的修改，都会设置征求公众意见的环节。大学生应充分利用此类法治实践的机会，基于自身的独立学习与理性思考，借助各级各类"立法意见征集平台"，以立法建设者的姿态参与立法讨论、积极建言献策。

第四章　新时代大学生法治认同的现状

当代大学生法治认同的研究是一个理论分析与实践践行二者兼具的研究课题，需要在理性认知和实务经验基础上做出某种判断选择。法治认同是对法治的一种赞许、接受和遵从，是对法治的从认知到情感再到行为的一种实现。大学生法治认同更高一种层次就是对法治价值的内化于心到外化于行，很显然，正处于青春期的大学生，他们的价值观和世界观极容易受到多方面的影响，既受到家庭环境的重要影响，也会受到社会外界环境的影响而发生变化，大学生的法治认同也是如此。当大学生实现了法治认同的第一个层次，即前述法治的认知到情感的实现之后，第二个层次的法治认同才有可能出现，那就是不但接受法治规则的约束，而且将法治的内在价值理念融会贯通于个人的思想价值理念。最后都将付诸和融入法治实践当中，把法治的尊崇转化为个体自觉行动过程。

第一节　新时代大学生法治认同的现状调查

关于大学生法治认同的现状需要从法治认知、法治意识、法治情感和法治行为几个维度分别展开阐释，这样才能比较具体细致地掌握当前大学生对于法治的认同度，为有效开展法治教育、培养好即将成为法治建设主力军的人才队伍、推动当前法治建设奠定良好基础[①]。

对当代大学生法治认同的现状进行调查研究，要注意实证分析方法的充分运用。实证分析得到了越来越广泛的认可和运用，这是因为，实践不断为人们的认识提供和积累新资料、新经验；而且，社会生活的发展还不断促进人们思维能力

---

① 夏丹波. 公民法治意识之生成[D]. 中共中央党校博士论文，2015.

的发展，促进法学理论研究的进展。实证分析是一种以经验与理性为基础的科学分析方法，其结论性展示是建立在量化数据基础之上的，并且能够给人以直观、生动、丰富的数据资料呈现，易于令人信服。当然，在法律中采取应然与实然的区分，这是法律实证分析方法得以独立存在和实践运用的基本前提。大学生法治认同亦是如此，在社会重大转型时期，在新改革、新常态下，践行依法治国的高度自觉正是建立在高度的法治认同基础之上的。只有充分借鉴与运用多学科的实证研究分析，才能真正区分法治认同的应然与法治认同的实然，从而发现法治建设中的问题，进而提出科学的有针对性的应对策略[①]，提升大学生法治认同度，增强实施法治的自觉性，强化转型期社会的法治权威，提高大学生思想政治教育的有效性，最终为法治建设提供良好的文化心理与精神动力。

此次调查问卷是专门针对大学生开展的法治认同问题的调查研究，因此采取请部分高校专业课或公共课老师、班主任、辅导员，尤其是专门讲授其中法律基础课的老师，代为组织学生在课堂上统一作答问卷，才能取得相对真实可靠的效果。事实证明，这样做的效果还是不错的，基本上达到了预期目的。

一、当代大学生的法治认知状况

复旦大学陈洁博士所作的一项法治调研显示，96.8%的学生在进入大学以前已经开始学法律知识，其中，41.3%的学生在初中以前就接触到了法律知识。结合笔者本次所进行的调研，两项调研都能显示出当代大学生的法治认知状况是有共同之处的，也就是总体感觉大学生的法治认知较为明晰，理性化增强，但是也很明确的是：大学生法治具体知识较为缺乏，导致尽管总体认知较为理性，具体知识观点尚待修正。

（一）关于法律职业的认知

如果有机会选择法律职业，你最可能选择：

---

① 陈洁. 我国大学生法治教育研究［D］. 复旦大学博士论文，2012.

表 4-1　调查表 1

	频数	百分比(%)	累积百分比(%)
法官	68	13.8	13.8
检察官	168	34.0	47.8
律师	190	38.5	86.2
法学教师	30	6.1	92.3
法学研究人员	14	2.8	95.1
公证员	14	2.8	98.0
基层法律服务工作者	10	2.0	100.0
合计	494	100.0	

　　大学生对法律职业的认同度较高，这里面既有传统因素也有现代法治因素的考量。经济因素是一种现代思维，占据主要地位；检察官角色其实是一种传统因素的考量，仍然雄踞前茅，但是在与现代经济因素的较量中稍逊风骚，比选择律师作为法律职业的低了近 4.5 个百分点。法的实务性价值不容置疑，接近 50% 的大学生是认可法治解决社会纠纷的，能够做到让大学生学以致用是非常重要的，实务价值成为首选的要件。传统的法官、检察官的优越社会地位，现在看来不是最重要的选项。比较耐人寻味的是：当检察官和法官作一个比较的话，检察官的魅力值比法官的魅力值高出近 9 个百分点，法律监督职权的魅力占据上风，也许这里是更多非法学专业大学生的选择占了多数所致，其实代表着一种传统思维模式。绝大多数非法学专业的学生只是从检察官行使法律监督职权角度出发，认为检察官高于、优越于法官，其实更多是从能够监督别人、凌驾于别人之上的思维视角来看待法律问题的。就这个问题专门对一些非法学专业学生进行了随机访谈和交流，从他们的回答中也验证了这个结果，这是一种非法治思维的典型表现。从骨子里看，传统的掌控他人、制约他人、支配他人从而可以高高在上的思维仍然有着巨大的影响力和控制力，这是我们真正培养大学生的法治认同、搞好法治建设软性环境的缺失，是一种潜在的思维桎梏。

（二）关于对情治与法治内涵关系的认知

关于法治与情治的关系与内涵的认知与理解方面，调查结果（如表4-2）几乎是一边倒地选择了情治具有一定的合理性，可以与法治结合，法治为主，情治为辅，达到了调查总人数的91.1%之多。对情治和法治内涵的理解还存在一定的误区，没有全面准确认识到情治与法治的本质区别。

表4-2 调查表2

	频数	百分比（%）	累积百分比（%）
情治基本不具有合理性，且与法治水火不容，应该坚持法治，彻底摒弃情治	16	3.2	3.2
情治具有一定的合理性，可以与法治结合，法治为主，情治为辅	450	91.1	94.3
情治具有一定的合理性，但是作为一种治国模式，它不可能与法治结合	18	3.6	98.0
情治比法治更适合中国的国情，只需要吸收法治的有益成分作为补充	10	2.0	100.0
合计	494	100.0	

在对实施法治的态度上，与此非常类似，占总人数88%之多的大学生选择了相信，法治是趋势，法治会越来越好，尽管现在还存在很多问题，但可以看出总体上在思想态度方面是相信法治、认同法治的。在一些具体知识方面存在不正确的观点，显示出大学生对于法治具体知识缺乏进一步的学习和掌握。

表4-3 调查表3

	频数	百分比(%)	累积百分比(%)
相信,法治是趋势,法治会越来越好,尽管现在还存在很多问题	435	88.1	88.1
质疑,现在依然还是情治,只是提法不同而已	52	10.5	98.6
排斥,不可能取代情治传统	2	4	99.0
无所谓,没关注	5	1.0	100.0
合计	494	100.0	

大学生们受根深蒂固的情治思想影响较多,仍然认为离不开情治方式。也许是措辞引导了学生的判断,但代表了社会一部分人的一种看法和思考,应当指出的是情治与充分发挥人的积极作用是不能等同的,即使是选择法治当然不等于就否定人的积极作用,只是两种不同的治国理政方式,是带有不同时代色彩的提法,我们可以充分发挥人的积极作用,但是主张情治为辅的治国模式显然是不正确的。

另外,法学专业大学生认同度相对比非法学专业大学生认同度高几个百分点,应该是与法学专业大学生本人平时对法与法治的学习、了解与运用密切相关,正确评价一个事物首先是建立在对该事物有一定程度的知悉和研究的基础上才能形成。

表4-4 调查表4

	频数	百分比(%)	累积百分比(%)
非法学	353	71.5	71.5
法学	141	28.5	100.0
合计	494	100.0	

二、当代大学生的法治意识状况

（一）关于具体行为规则意识方面

表4-5　调查表5

	频数	百分比（%）	累积百分比（%）
首先还是会想方设法找熟人、打招呼	52	10.5	10.5
查询规章制度，按程序依法去办理	115	23.3	33.8
法治只是说说而已，只要送礼、请客就有可能	15	3.0	36.8
基本上还得遵照法治规章去办理，但同时也不可能完全脱离人情因素	312	63.2	100.0
合计	494	100.0	

在笔者的调研中（见表4-5），当大学生在被问到到政府机关、事业单位办事，现在实施依法治国的社会环境下你通常最可能选择下面哪种方式？选择查询规章制度，按程序依法去办理选项的达到23.3%，选择基本上还得遵照法治规章去办理，但同时也不可能完全脱离人情因素这一选项的高达63.2%。复旦大学陈洁博士的调研结果显示，所有的规则都曾被不同程度地破坏，65.9%的学生闯过红灯，82.7%的学生用过迅雷等软件下载电影、音乐，53.7%的学生主动购买过盗版书籍或者水货……这些事情看似是生活中司空见惯的小事，但大学生在不知不觉中已经触犯了道路交通安全法、知识产权保护条例等法律规定。调研说明了：当前大学生具有一定的行为规则意识，但在具体行为实施中并不完全遵守具体的行为规则。

（二）关于社会法治意识方面

笔者所进行的调查数据显示（见表4-6）：大学生趋于理性化的思维，不论是从自身就业还是去政府机关办事的角度和体会，表现出对社会、对政府、对国家采取了更加理性的态度，对待社会事件更加认同合法方式，按照程序依法办事、严格按照法律严惩处理的选项明显多了起来，同时具有法治社会的更多包容心理。我们还应该看到，在对待社会整体认同方面得到极大提高的同时，个体心理上仍然认为人情因素不可能完全脱离，显示出人情世故的传统影响巨大。但事实是，人情因素和法治因素的二元对立是主流方面，法治因素越充分、越发达，人情因素越稀薄，法治因素在某种程度上是人情因素的消解力量。当然，人情因素在公法领域和私法领域中的界分是大为不同的，也要注重因时制宜、因事制宜，在法治领域就是自由裁量权的问题。

表 4-6　调查表 6

	响应		个案百分比(%)
	频数	百分比(%)	
贫富差距	452	32.6	91.5
劳资矛盾	143	10.3	28.9
征地拆迁	58	4.2	11.7
群众矛盾	137	9.9	27.7
信访	22	1.6	4.5
腐败	299	21.5	60.5
利益集团	135	9.7	27.3
信仰缺失	137	9.9	27.7
其他	5	4	1.0
总计	1388	100.0	281.0

在对于当前中国最主要社会矛盾的认识方面，从调查来看，几乎是91%以上的大学生选择了贫富差距，有60%的大学生选择了腐败，也可以由此管窥当代大学生对于社会的认同问题，经济发展和贫富状况成为社会认同的晴雨表，社会腐败选项在贫富差距选项面前反倒成为弱势选项，差距在近三分之一的比例，也许这是由他们的自身切实体会所致，社会对于贫富差距的感受更深刻、更直接。换

个视角看待这个问题，其实是社会保障和公共救济对处于社会底层的普通民众更具有现实意义，更能培育他们的社会认同感，法治化保障和法治化公平是法治社会建设的重中之重。

三、当代大学生的法治情感状况

在调研中（见表4-7），提问：怎样看待在大学生中进行法治宣传教育？有77%的学生选择多学习法律知识有好处，可以多开设法律类公选课，表现出愿意亲近法治和对法治的信任感。在对2014年我国首次设立国家宪法日询问看法时，71.6%的大学生认为设立国家宪法日是制度上的一大进步，必将对法治中国建设产生重要影响和积极推动力，显示出对于宪法与法治的亲近感、敬畏感；仅有不到6%的大学生选择了不知道宪法有什么作用，宪法日也没什么用。

表4-7 调查表7

	响应		个案百分比（%）
	频数	百分比（%）	
非常有必要，适应依法治国的需要	373	45.5	75.5
尽管是好事，但是由于精力有限，学好专业课就可以	34	4.2	6.9
多学习法律知识有好处，可以多开设法律类公选课	385	47.0	77.9
法律也是需要人去实施的，还是相信"人"，法治宣传没有什么用处	27	3.3	5.5
总计	819	100.0	165.8

当被问道：在当前法治环境下，从大学生就业机会角度看，你认为下面哪种观点更符合你个人的情况？只有不到3%的大学生选择了靠个人实力就足以有很好的就业机会，足以显示出当前大学生在愿意亲近与信任法治的同时，仍然怀有对于当前法治环境的自信心不足的情感。调查结果显示大学生们是一群积极适应社会发展的活跃群体，对于像法律这样具有极强实务价值的社会有用知识表现出

极为渴求，不满足于只学习专业知识；与以往相比，偏激、无用观点明显偏少，愿意学习掌握法律有用知识；对于党中央提出的法治思维和法治方式的提法，表现出较高的认同；对于国家宪法日表现出并没有因为目前宪法所存在的一些缺陷和不足而予以否定，相反，对宪法寄予了厚望，希望宪法权威的树立能够切实保护公民权益。

表 4-8　调查表 8

	频数	百分比（%）	累积百分比（%）
整体上较为公平，国家提供了尽可能多的平等竞争就业机会	160	32.4	32.4
仍然是靠父母社会关系才能有好的就业机会	29	5.9	38.3
既要有个人奋斗努力，也要有关系才行得通	291	58.9	97.2
靠个人实力就足以有很好的就业机会	14	2.8	100.0
合计	494	100.0	

当然，调查问卷统计结果还显示，无论是法学还是非法学专业，大学生普遍表现为对法治的认同与质疑并存，对法治充满信心、希望和认同的大学生还是占了大部分比例。

四、当代大学生的法治行为状况

复旦大学思想政治教育专业陈洁博士所作的"校园生活法治行为调查"中，有 77.2% 的学生表示自己班级的班干部是公开选举产生的，但在选出班委后，即使班委不称职，32.2% 的学生会不予理会，5.9% 的学生则不配合班委的工作。笔者所进行的调研中，提问：到政府机关、事业单位办事，现在实施依法治国的社会环境下你通常最可能选择下面哪种方式？选择首先还是会想方设法找熟人、打招呼这一选项的占到了 10.53%，同时认为也不可能完全脱离人情因素的占到了 63.16% 之多，选择"法治只是说说而已，只要送礼、请客就有可能"的还有 3.64%。不管是校园生活的法治行为，还是社会生活的法治行为，我们可以看出，总体上，大学生的法治行为存在着法治自觉不足、实际行动缺失的特点。

从调研中（见表 4-9），尽管我们可以看出大学生已经初步具备法治精神的良好熏陶，表现为法治的理性色彩，但是同时，我们也能够总结出当代大学生在运用合法方式维护正当权益方面有待提高。具体表现为：因为腐败太令人痛恨，而选择坚决支持网络反腐斗士的激进观点，大约占受调查人数的 30.4%；认为"网络反腐与侵权界限模糊，极其容易侵犯他人隐私，需要严格限制使用"的，大约占到受调查人数的 26.8%。这一比例反映了当前相当一部分大学生具备良好的法治意识和法治文化基础。

表 4-9　调查表 9

	响应		个案百分比（%）
	频数	百分比（%）	
腐败太令人痛恨，坚决支持网络反腐斗士	150	18.2	30.4
网络反腐与侵权界限模糊，极其容易侵犯他人隐私，需要严格限制使用	221	26.8	44.7
要充分合理合法利用网络渠道反腐，正确引导、加强自律、不断完善网络反腐	447	54.2	90.5
无所谓，只是可以经常看到新故事	6	0.8	1.2
总计	824	100.0	166.8

提问：当你本人或者你的家人、亲朋好友的合法利益受到侵害甚至长期受到侵害得不到解决时，选择感到忍无可忍时以牙还牙的占到 10.8%；尽管选择仍然愿意寻求法律帮助，运用法治方式理性解决的占到了受调查人数的 87%（见表 4-10）。

表 4-10　调查表 10

	响应		个案百分比(%)
	频数	百分比(%)	
退一步海阔天空，该容忍的得容忍	17	2.3	3.5
寻求法律帮助，运用法治方式理性解决	428	57.4	87.0
感到忍无可忍时以牙还牙，不否认会试图采取暴力乃至极端手段，快刀斩乱麻痛痛快快解决	53	7.1	10.8
现在已经是法治社会了，相信这种情况比较罕见，即使是真的出现了，也应该能得到合理解决	248	33.2	50.4
总计	746	100.0	151.6

上述调研在一定意义上说明：法治趋于文明，法治能够给人们以好的预期，法治获得了越来越多的信赖，但不容置疑的是，当代大学生同时在如何选择合法方式保护正当权益方面，需要进一步加强实践锻炼，毕竟从理论到实践存在不小的差距，不能只凭一厢情愿式的想象，必须亲自下水才能学会游泳的技能。例如，大学生完全可以在力所能及的范围内，在校园生活中积极参与校园法治建设，努力实践法治精神和法治价值，毕竟校园生活就是当代法治建设的重要组成部分。

第二节　新时代大学生法治认同的现状与问题分析

一、信服和接受较高

当代大学生对法治的接受度较高，主观意愿上希望进一步学习、掌握法律知识，运用法治思维处理社会问题。不论是法学专业课还是法律公共课上，甚至是有关法治教育培训辅导课上，学生对在未来几十年里，法治是硬道理的观点普遍能够信服和接受，愿意倾听对法治的宏观分析和微观阐述，尤其是对一些当下的时政热点案例，非常愿意接受法治的分析和法治的解决。大学生正处于一种上升时期，普遍思维比较活跃，易于接受符合时代主题和代表时代发展的事物，正像易于接受任何新鲜事物一样，大学生们对法治这个并不算非常新鲜的事物却有着异乎寻常的乐于接受，这当然与法治的价值有着密切的联系，因为包括大学生在内的全体社会公民普遍希望法治能够为个人、为社会和国家带来福利，在这一点上，法治完全可以起到凝聚改革共识、凝聚社会共识、凝聚社会人心的重大作用。法治自身所具有的公正、公平价值也是当代大学生接受度较高的一个重要原因，因为公正、公平历来是最能凝聚人心、最易于接受的价值因素。

当代大学生对法治的认同度随着依法治国方略的深入人心逐渐提高，随着法治建设进程的深入，也必将极大提升。当代大学生身处依法治国逐渐深入人心的时代之中，更能深切体会到社会与时代的感召力，他们更愿意充当依法治国方略的积极践行者和担当者，他们有着更加敏锐的政治意识和法治意识，他们已经充分体悟到法治中国建设的当代政治意蕴与时代价值。他们具有较好的法治素养基础，自身已经认识到大学生群体承载社会的未来，是依法治国的主体，而非依法治国的客体，投入依法治国法治实践的积极性也是相对较高的。

二、认知与行动相悖

当前大学生对法治总体认知较为理性，但法治的某些知识观点尚待修正，存在认知与行动的相悖性，具体表现为当前大学生法治素养具备一定的基础，普遍对法治有着较好的认同心理，对待法治表现出了较好的理性态度，但是大学生的实际行动与他们的认知并不一致，二者存在较大差异。当代大学生既需要法治，在涉及处理具体社会事宜时又沿袭传统行政思维去解决处理，在处理当下具体的社会问题时，又很快采取了与法治思维明显背道而驰的做法和思路。这也充分说明大学生深受时代与社会的影响，他们能否健康成长取决于整个社会的健康与否，值得深思。因为竞选班干部，不惜采取一些完全属于社会化的方式，拉选票、跑关系、请客送礼等。曾经有一位兄弟高校的学生为了竞选班长，托关系托到了他的师哥，而他的这位师哥正是笔者曾经带了三年的比较优秀的学生，原因是他们听说笔者与这位班长竞选人的辅导员是好朋友。笔者对这两位学生进行了适当引导，为他们分析了竞选班长失利的原因，以一名局外人视域为他们评析，为他们找到了提升自我的努力方向。在某种意义上讲，当代大学生对法治是完全能够接受的，是坚定的认同的；但同时，在当下处理微观社会问题时，立即转换为传统非法治的行政思维或者官本位思路，并沿袭了根深蒂固的传统做法，行动上还是表现出了与思想认知的相悖性。因此，为社会培养身心健康的高等教育人才，需要站在整个社会的高度和制度化的视角，去认识大学生法治认同的重要意义，从法治理念上、从制度化建设方面进一步加强对大学生的宣传教育和引导，从保护大学生切身利益的实际案例中提高当代大学生的法治认同度。

三、质疑与认同并存

上述调研分析表明：当代大学生对法治的认同特点是质疑与认同同时存在，而且是矛盾地存在于统一体中。一方面，大学生对当代法治的认识还是比较具有理性，不是法律、法治万能论，更不会法律、法治无用论，而是希望法治更加完善。既不会动辄为1元钱而去打官司，更不是在合法权益受到侵犯时采取违法方式或者无动于衷、束手无策、消极回避的态度。当然，不否认会试图采取极端手段并明确表露出这类意愿的大学生占了一定比例，约为十分之一，如果法治较为完善，法律渠道畅通将能够有效避免这类现象。当代大学生法治认同深受社会发展的重大影响，尤其是当前深受依法治国基本方略的重大影响，这是目前法治建设极为有利的一面。另一方面，仔细推敲来看，涉及更为具体专业性法治知识的时候，尽管对法治信赖度和预期值较高，会受到一些传统情治因素的深刻影响，仍然会有一些不正确的认识和观点，有着情治的现实思维和文化基因；或者表现为希望享受法治的雨露滋润，但却仍然保有情治的内核，具体而言就是对能够监督、掌控他人、凌驾于他人之上的权力还是表现出较高的迷恋和希冀，如认为人民检察院、检察官行使法律监督权是一种高高在上、可以任意支配别人的特权。这种思维当然不是真正的法治思维和法治认同，是站在情治的平台，从情治的视域，去追寻法治的事业，这样做的结果只能是一种对法治的异化，严重者会南辕北辙、适得其反，这些当然是我们建设法治社会、培育法治认同需要认真对待的一个极其重要的前提性问题。

第三节　新时代大学生法治认同问题的影响原因分析

随着人类社会的发展和进步，以及社会文明程度的不断提高，人不仅要过一种有规则的生活，更要过一种符合正义要求的规则生活，于是法治便出现了。法治是人类社会及其全体公民的一种理性选择，这种选择正反映了民众对法治价值的历史性认识过程。人们对于法治价值和意义的认识，像认识其他任何一种事物一样，从来都不是一成不变的，也从来不会是一帆风顺的或者是直线式上升的。法治建设的每一次历史进步都需要付出比较大的代价，之所以是这种状态，从根本上来讲，法治的每一次进步都是对社会历史传统的一次绝对性的胜利，需要冲破社会发展历史中的重重阻碍才能把社会历史向前推进。法治的进步是社会进步中的诸种因素之一，法治进步也同样深受社会诸种不利因素的羁绊和束缚。因此，当代大学生的法治认同也绝不是一蹴而就的，都有一个不断推动发展和曲折前进的历史性过程。大学生思想状况的波动是整个社会思想状态的集中反映，也是整个社会思想状况最为灵敏的体现。因此，大学生的法治认同状况，恰是整个社会民众法治认同状况的集中体现和反映，或者换句话讲，大学生的法治认同状况，是绝不可能脱离整个社会民众的法治认同状况这一大的历史舞台的。同理，反思当代大学生的法治认同，必须以整个社会发展历史过程中的法治历史和法治类型为基准，才能做到对当代大学生的法治认同进行科学考察和准确界定。

一、存在法治理念误区

法治的基本概念和制度规范只是实施法治的一个物质前提，但却不是实现法治状态的必要条件。因为最关键的还是公民要有主体的法治意识，真诚地遵守、尊敬法律。这样看来法治意识或民众对法治的看法在某种意义上还是具有决定性的，毕竟意识先行，没有意识也就不可能产生有意识的行为。法是刚性的，大学生思想政治教育是做人的工作，是柔性的。要想理清关于法的刻板、冷漠之印象、认识和理解，尤其是要破解关于法的刻薄严酷性，需要从法的特性和本质上进行梳理。

法的特质是一种规范、一种理念、一种思维方式，更是一种认同和信仰。法律从本质上讲首先是一种规范，这种规范性的规定是具有谦抑性的，在刑法规范里面最为突出（刑法规范要让位于道德规范和其他非刑事法律规范去处理解决，只有在道德规范和其他非刑事法律规范无法解决时才能由刑法规范解决，刑事法律不首先、不主动介入公民社会生活领域）。普通法律规范同样具有这种品性，公民对于社会生活中的各种私法关系的处理具有选择性，公民的选择性决定了法律规范可以让位于道德规范、风俗传统、习惯思维等，从规范的特质角度讲，法是刚中带柔、先柔后刚的。其次，法本质上是一种理念，能够上升为国家意志层面的法，是一种共识性的理念，为社会绝大多数公民所认可的理念，这种理念必然体现了对社会绝大多数公民的体贴和关怀，否则是不可能被接受的。只不过，人们往往是看到了被惩罚、被剥夺的强制性一面，而对于被保护、被关怀的体恤温暖性一面有所忽略，即便是沐浴在法治阳光之中也会放大其中的冷酷严肃的一面。再次，法在本质上是一种思维方式，公民遵从法律是发自内心的思维定式使然，如果能达到这种状态，法治社会、法治政府、法治国家一体建设的基础便是坚实而厚重的，因为公民如果具备法治思维，便会视遵守法律为当然，遇事就不会去寻求诸如潜规则之类的非法律方式。如果全体公民养成了法治思维方式，公民对待法律的看法和态度孑然大不相同，同法律之间的距离感、陌生感、畏惧感、隔阂感将烟消云散；拥有法治思维方式，对法律的感受才能发生变化，即使法律本身并没有变化，公民将视法律为亲近，感受到的将不再是刻薄严酷，而是如沐春风、滋润心田，法治的春天才真正能够出现。最后，法本质上更是一种信仰。现代文明国家的发展历程表明，法是一种理性判断做出的选择，中国法治化的道路虽历经波折但却早已向往之，非一日之促成，法治是必由之路，经过正反两个方面的实践教训证明，改革开放的成果没有法治的保障无以长久，公民对法治的期盼和向往逐渐铸就了对法的信赖，十八届四中全会已经将依法治国提高到了一种新的战略高度，国家宪法日的设立、全民宣传学习宪法的热情对于法治信仰起着积极促进作用，法治信仰将从信仰宪法开始（事实上，宪法宣誓制度已经实施，公民已经认识到和已经做到了拿起宪法的武器维护个人正当合法权益即进行宪法诉讼），公民对于法律的好感和信仰已经成为现实。

综合上述法的发展状况和本质特性，大学生应当改变对法的认识、走出关于法治理念的误区，能动地将法治思维和法治方式运用于当代社会思想政治教育的过程，推进当代大学生的法治认同（作为一名大学思想政治理论课和法学课教师，更应关注当代大学生法治认同问题研究）自然成为一个时代课题，需要一种跨学科视野下的综融性研究。

二、欠缺法治契约精神

中国的法治最浓重的底蕴就是传统公法文化，法一向是严厉的，民一向是受到法律制裁的对象，在这样一种法治背景传统下，中国传统的法治认同是与特定的刑法官威传统息息相关的。

当然，在我们今天的中国特色社会主义社会，尤其是依法治国伟大方略的实施，法治已经取得了长足的发展和进步，今日之法治已经成为现代民主国家的底色和象征，法治已经成为社会和国家的一种理性选择和时代需求，成为整个社会的一种最重要规则。人类之间达成一致而形成的规则实际上就是契约，契约因此而成立生效。既然法治是我们当前所能设想的一种较优的治理社会的方式，我们非常有必要系统研究法治的本源，学习借鉴其他国家法治建设的过程中所形成的基本经验得失。

提到西方社会的契约思想，不能不提到 18 世纪的法国大革命的思想先驱让-雅克·卢梭的政治哲学名著《社会契约论》一书，卢梭认为：社会契约所要解决的是创建一种能以全部共同的力量来维护和保障每个结合者的人身和财产的结合形式，使每一个在这种结合形式下与全体相联合的人所服从的只不过是他本人，而且同以往一样的自由。卢梭是在探讨民主主权理论，他的这部《社会契约论》也被叫作政治权利的原理，卢梭认为人们因为社会契约得到的是社会自由（与卢梭所称的天然的自由所相对而言），一种遵循社会道德的自由，正是这种自由才真正使人们成为他自己的主人。我们今天看来，在当时卢梭把契约置于何等重要的地步，主权当然是不可分割的，因为契约，人们是公民而不是臣民，这是一种何等进步的思想。契约在西方文明的发展历史上有着浓重的一笔，无论多么渲染都不为过，契约属于西方。

人们因为契约而展现出的对于法治的高度认同就是一种自然而然的事情了。19 世纪英国著名的法律史学家亨利·詹姆斯·萨姆那·梅因在经典著作《古代法》中提出所有进步社会的运动，到此处为止，这是一个从"身份到契约"的运动。梅因还指出：把封建制度和原始民族纯粹惯例加以区分的主要东西是"契约"在它们中间所占的范围。可以说在西方社会文明发展史上，启蒙思想家、哲学家、法学家们对契约的研究和阐述已经达到了一种炉火纯青的地步，卢梭、梅因因此而名留青史。当然我们必须得承认的是，在西方社会文明发展中契约的决定性作用，仍然是由人类社会历史发展这个时势所造就的契约这个英雄，这是不以人的意志为转移的。

法治契约精神是当代中国法治建设的基本要义之一，只有契约才能维护彼此的相处和社会的发展，因为我忠实地遵守约定就是为了别人也能对我忠实地履约。法治契约精神视遵守契约和规则为理所当然，我遵守契约和你遵守契约一样，大家完全都是为了自己生存，因为如果我不遵守契约，对方也不会遵守契约，如果对方不遵守契约，我方也将是最终的受害方和不利益方。用马克思那一针见血的话来形容，就是我给，为了你给。这就是最朴素的契约传统。我遵守约定是为了让你对我也遵守约定，不是大家没有发现规则的漏洞，实在是大家不以钻规则的漏洞为聪明，不以利用规则的漏洞为小事。培养规则意识，这恰恰是契约精神的精髓所在，是当代法治社会的根本要求。反思当代大学生的法治认同，主观上认同法治的同时还保有更多的传统情治和行政思维色彩，骨子里缺乏严格的规则意识，行动上自然不愿意遵守契约，契约精神是短板，需要补补契约精神的课。当代法治建设显然需要培养大学生的规则意识、权利意识，要求彼此之间遵约守契、尊重信赖，要让这种契约精神成为大学生的一种法治自觉和文化底蕴，要培养当代大学生的良好契约精神，从而打造符合当代法治建设所需要的法治认同。

三、尚未养成法治思维

改革开放之后，中国法治探索借鉴了一系列西方的理念，开始了民主型法治的求索之路。由于国家本位理念长期存在的传统影响，尽管法与法治有着较大的形式与实质进步，但是在相当长的一段时期内，法与政治根深蒂固的影响被放大了、强化了，我们可以把这种状态下的法治形象称为政法传统法治。相对于今天有的法学家提出：引入契约理论，用契约底线取代统治阶级意志论，我们可以发现，传统的政法法治理念比起今天的人们的法治理念落伍了许多。曾经有一位地方县委书记比较强硬地讲：法律是干什么的？法律是为政权服务的。从法律的传统政治属性讲，法律肯定是为掌握了国家政权的统治阶级服务，这是没有什么实质性错误的。但问题是这么赤裸裸的言辞恐怕不能这么简单化理解，其中威吓的意味似乎更为明显，至于威吓谁那就得看说这句话的具体场景和指向是谁了；当然再进一步深究其中味道，那种凌驾于法律之上、蔑视法律的权威、践踏法律的存在之形象跃然纸上，那种傲视群雄、让法律臣服于当权者、掌握了党政大权便可为所欲为的王侯将相思维暴露无遗。这种强烈的行政思维、桀骜不驯的权力欲望怎么能够做到服从法治、遵守法律呢？法律是沉默的官吏，官吏是会说话的法律，如果连官吏都不守法，还谈何法治。颇具中国特色的体制是政法委书记领导公检法，这种体制适应中国的社会实际具有强大的生命力，但从细节上极容易导致市委书记或者政法委书记把法院院长、检察院检察长、公安局局长召集到一起办案，这就是政法传统法治下的产物，这种具体做法肯定是违背法律条文和法治精神的。值得庆幸的是当前这种简单化的有违法治精神的做法应该是不那么理直气壮了，这种做法和前述县委书记的强硬表态如出一辙、异曲同工。尽管我们的高等教育一直非常重视对大学生的法治教育，笔者所进行的实地调查以及相关的法治调研都显示：大学生的法治意识和法治水平有了很大的提高，但从社会传统文化影响看，和当前法治建设的要求相比，我们的大学生缺乏法治思维和依法办事能力就可见一斑了。

现在，改革进入攻坚期和深水区，我们面对的改革发展稳定任务之重前所未有、矛盾风险挑战之多前所未有，依法治国在党和国家工作全局中的地位更加突出、作用更加重大。法治成为一种大势所趋，成为现代民主国家最浓重的底色。法治承载着太多的历史重任，为了增强持续性发展动力和进程的推进，政策制定者需要对法治运用和法治执法的宏观监管控制赋予更多的人力资源支持。在现阶段，法治更是被赋予了更多的历史功用，惩治愈演愈烈的贪腐、保障民生、民权，重构社会信任、建设法治政府权威，凝聚社会共识、打造执政合法之基，减缓或者消除社会的不稳定因素等，依法治国、依法执政成为时下大受欢迎的热词。不论是面对社会问题还是个人之间的利益纠纷，民众普遍开始适应法治方式的具体要求，开始学会运用法治的思维模式；不论是单位和组织，还是普通民众个人，都逐渐适应了运用符合法治要求的方式去规范处理社会生活中的具体事务和利益纷争，做到了既坚持制度化的硬件建设，同时还特别注意坚持法治思维和法治意识的软件性建设。

作为高等学府的大学校园，尽管大学生绝大多数都是成年人了，但是由于种种原因，人身伤害事故依然难以杜绝，甚至相对比而言，在大学持续扩招人数逐年攀升的几年里，各大院校大学生伤亡事件时有发生。面对大学生人身伤害事件，特别是对于死亡情形，高校承受了较多的压力，在前几年的时间里，社会民众动辄就是扯上黑字白幅、封堵学校、冲击教学、打伤教师，甚至在校园祭拜烧纸，高校即使报警也无可奈何，最终是多赔钱了事。在此，我们的评述绝不是为了仅仅苛责冲击大学校园的家长们，我们只是站在法治的视角审视这种事情的发生和处理。值得一提的是，伴随着法治中国建设进程的持续推进，就连这种往常视冲击、封堵校园为理所当然的情形，现在几乎一边倒地视为非法方式，并得到了有效控制，总体上表现出较为理性和法治的一面——维护伤亡学生及其家属的合法权益也必须在合法的界域内，按照法治方式、通过合法途径维护正当合法权益。民众的法治理念得到普及，法治认同度在逐渐攀升，不论是利益受侵害方需要索赔，还是利益的加害者、施害方承担刑事、民事赔偿等相关法律责任，大家都因为法治的认同而有了较多的可以沟通协商的余地和平台，彼此之间具有了更多的共通性、共同点和相互交集之处。在法治实施的具体环节上，民众普遍表现出较高的法治素养，不仅关注法治的结果是否公平，还关注过程性的公平和正义。不管是学界、理论界还是实务界，关于依法治校的研究更加丰富，法治与改革、法治与文明、法治道路、法治南北等关于法治的昵称爱语甜蜜起来了，放眼望去，法治之林郁郁葱葱，法治理论和法治实践要实现全方位的脱胎换骨。从法律体系迈向法治体系，法治思维的养成是实施法治的重要核心要素和基础要件，而且，人权、文化、人道主义理念、市民观念以及国家实力都将成为调整、实施、检验法治的基本要素。

党的十八届四中全会通过的《中共中央关于全面推进依法治国若干重大问题的决定》中提出：提高党员干部法治思维和依法办事能力。今天的大学生是我们明天党员干部的后备军和人才队伍主力，他们即将成为我们整个法治建设的主力军，今天对党员干部的要求就是对大学生们要求，大学生亟须提高法治思维和依法办事能力，这是法治建设的根本要求，更是大学生健康成长成才的根本保障。

当代大学生法治认同问题研究是一项非常具有现实意义的实践研究和理论研究，我们要坚持问题导向，从实践调研分析入手，掌握第一手的真实调研数据，从感性认识入手，坚持理论与实践的紧密结合，才能形成正确、科学的理性认识，最终才能达到新的理论高度。实践与理论同等重要，实践研究是基础，理论研究是提升，理论研究还要回到依法治国的法治建设实践中去进行检验和进一步提升。因此，我们在理性的反思中，坚持理论研究的指导，才能全面、正确、客观地认识现实事物的本来面目，同时，还要坚持接受法治建设的实践检验和不断丰富深化。换句话讲，只有我们坚持从当代大学生法治认知状况、法治意识状况、法治情感状况和法治行为状况入手，并且坚持从法治认同的理论再回到法治建设的生动实践中去，才能分层次、有逻辑地认识透彻当代大学生法治认同的现状问题，进而从法治实践的角度、从理性和理论反思的层面，较为客观、透彻地分析当代大学生法治认同问题的基本原因，也即是当前从存在法治理念误区、欠缺法治契约精神和尚未养成法治思维的三个维度来寻求问题根源，如此才能较有针对性地培育和提升当代大学生的法治认同，为保障大学生健康成长、推进法治社会的建设奠定基础。

大学生法治认同如何生成？遵循着一种怎样的基本机理？这是我们研究当代大学生法治认同必须弄清楚的一个战略性和基础性问题。作为一种社会性现象，大学生法治认同受多种社会因素的影响，但最主要的不外乎是政治的、经济的和文化的这样三大基本方面的构成要素，是它们之间的交互影响推动着大学生法治认同的生成。

四、提升当代大学生法治认同问题的经济影响因素

当代大学生法治认同的经济影响因素既包括由社会主义经济基础的决定性经济影响因素，也包括直接影响当代大学生法治认同的现实经济因素，几种经济因素之间相互交织，共同作用于当代大学生法治认同的生成。

（一）社会主义市场经济基础是当代大学生法治认同的决定性经济因素

大学生法治认同本质上属于一种法治文化认同和思想政治教育认同，是政治上层建筑的一部分，必定会遵循马克思主义政治经济学中关于经济基础和上层建筑关系的基本原理。因此，当代中国的法治认同，明显受到经济基础的决定性影响，尤其是受到市场经济基础的影响。市场经济是法治经济，一切经济活动要在社会主义法治的范围内运行，法治是保障市场经济正常运行的制度化保障；市场经济还是权利经济，市场主体享有充分的经济自由权利，权利成为市场经济的基本元素。正如张维为教授所言：中国是以西方不认可的方式崛起的，同样，当代

中国的法治认同也有着自己的个性，受中国发展模式的影响而生成。中国的经济发展稳健持续，富有后劲，充满自信，当代中国的法治认同生成也充满着朝气和活力，法治建设迅速而富有成效。当然，中国的经济发展也不是一帆风顺的，理论界对中国经济的发展预期和发展状态同时存在着两种相反的论调，即：中国模式、中国奇迹和中国悲观、中国崩溃论。在法治认同生成方面同样会打上这样的烙印，也是同时存在着两种性质差别较大的法治认同，即对法治的高度认同和对法治的抵触悲观。

当代大学生的法治认同生成深深地打上了时代经济烙印，根据前述问卷调查发现，也是高度认同与悲观质疑并存。当然高度认同还是主流声音，尽管存在着一定程度上的悲观质疑和不信任，但是对当代中国法治，大学生还是有着较高的认同度的，尤其是对未来中国法治的不断完善和进步方面更是有着较为自信的高度认同，这就是表现在法治文化和思想政治教育领域的法治认同的现状。贫穷不是社会主义，贫穷无法治！法治需由发达的经济来支撑，于此可见一斑。这是郝铁川教授关于法治与经济的感言，借用他的话来研究当代大学生的法治认同生成，我们有充分的立论根据。中国正在走向富强繁荣，中国已经创造了令世人瞩目的一个又一个奇迹。当代中国法治建设有雄厚的经济基础作支撑，同时，又有良好的政治环境和时代契机，当代大学生的法治认同生成有着坚实厚重的理论基础为依据，对此，我们有着中国超越的自信，我们完全有理由相信大学生对当代中国法治的高度认同是正确的、科学的。

（二）当代大学生法治认同的根本前提是利益保护

我们必须知道法治认同是一种利益上的召唤。人类的社会实践活动总是脱离不了利益的推动，我们完全有理由相信利益是一种推动力。市场经济的发展使得人们心中的天平向利益倾斜，很多人开始习惯于用经济手段去解决社会问题，就连象牙塔中尚未步入社会的大学生也有着很强烈的经济思维。我们很难设想人们会对不保护民众利益的法律服从，很难设想人们会对不好好保护民众利益的法治建设表示认同并积极参与其中。法治建设的根本任务应该是对于社会中的人们进行利益保护，并以此成为让人们服从法律和认同法治的根本前提。

法治与经济历来是息息相关的，为了说明在现实的经济社会生活中法治的作用方式，韦伯提出了可计算性和可预见性两个概念①。这两个概念给我们很多启示，例如，作为基本常识，法律通常会在其规范性的制度规定中，给人们以某种经济利益的可期待性，而且这种可期待的经济利益是可以预见到的，理性人总是通过理性的方式进行着理性的计算，当然也可能因为经济利益的诱惑性而失去理性，最终还要有理性的法治去规制。法律能够通过其有关于经济利益的可预见性规定引导着民众的行为朝着符合理性规定的方向迈进，根本原因在于社会生活中的物质利益无处不在，利益成为一个社会生活的重要基础性元素。法律规范中极其吸引民众注意力的一个最重要基础概念是权利，权利通常解释就是人们享有某种利益的可能性，公民具有某种权利，通常就意味着具备享有某种利益的资格。可见，法律中的权是与利益紧密相关的。所以，法治核心问题还是认真看待权利的问题。我们不但要养成法治思维，而且还要养成经济法治思维，我们要学会运用法治思维，而且要特别注意运用经济法治思维去思考当代大学生的法治认同及其生成问题。

在明确了马克斯·韦伯关于法律与现代人的命运之间关系的基本法律思想后，我们可以得出一个较为清晰的基本结论：既然法律在社会生活中发生作用的方式就是规定可计算性和可预见性的利益，从而引导规范着人们的社会行为，我们完全有理由认为：如果现实中的法律实施没有能够有效保护人们的实际利益和预期利益，或者对人们的实际利益和预期利益保护不周延，我们完全有理由相信人们就有了不必遵循法律和服从法律的正当性逻辑基础，当然就不可能生成什么法治认同。同样，当代大学生的法治认同是建立在法律和良法之治对他们合法利益的充分而正当性的保护基础之上的。没有认识到这一点，当代大学生法治认同的理论与实践研究将成为空中楼阁、海市蜃楼，只是一种虚幻而不可能真正实现。

---

① [英]梅因.《古代法》，沈景一译，商务印书馆，2018.

五、提升当代大学生法治认同问题的政治影响因素

威廉·惠特福德(William Whit ford)认为法治这个词语一般多用来达到一种政治目的。的确，大学生的法治认同受当代和传统政治因素影响较深，尤其是当前主流法治意识形态决定着大学生法治认同问题的基本状况。建设社会主义法治国家，是党的十八届四中全会设定的总目标。因此，建设法治中国就成为当代中国的主流法治意识形态。

中国是一个有着五千年文明传统的多民族国家，中国各民族人民历来就有强烈的政治向心力，以泱泱大国为自豪，以爱我中华为无上光荣。政治向心力的产生是与多元统一的中国国情相适应的。这种强烈的政治向心力对当代中国主流意识形态的形成、对于当代大学生法治认同的生成都有着极为有利的促进作用。

(一)党和法治的关系对当代大学生法治认同的影响

习近平总书记在省部级主要领导干部学习贯彻十八届四中全会精神全面推进依法治国专题研讨班讲话中，专门就党的领导和依法治国的统一性做了论述。这些都是正面的权威性解读，对于有着强烈政治向心力之良好传统的大国公民来讲，很好地统一了民众的认识，并集中到了法治中国建设的正确方向上，起到了坚强的政治引领作用。

党和法治的关系是一种高度统一的关系，二者不能割裂开来，我们要始终坚持运用马克思主义辩证法原理去科学地理解和阐释这一重大理论问题，用当代中国的这一主流法治意识形态去感染教育我们的大学生群体。只有这种重大基本理论问题搞清楚了，想通了，理顺了，法治中国建设的社会实践才能不走样，才能一以贯之地执行下去。因此，我们在大学生思想政治教育过程中，要理直气壮地讲，要坚持不懈地宣传，要大张旗鼓地贯彻下去，增强当代大学生坚持走法治道路的自信心。这是一个关于政治方向的大问题，是个直接决定当代大学生法治认同生成的基本问题，这是依法治国、建设法治中国的战略灵魂问题。我们应该始终高度重视，以法治中国这面大旗来凝聚人心，重塑政府和社会权威，建设现代

民主法治中国。

(二)法治中国建设的反腐实践对当代大学生法治认同的影响

中国梦、法治中国、四个全面号召引领时代前进方向,依法治国的抉择顺应社会发展的历史趋势,反四风、开展群众路线教育、走节俭路线、兴实干之风无不鼓舞人心,打老虎、拍苍蝇的反腐实践更是树正气、聚民心。事实上,法治中国建设的旗帜树立起来了,民主法治的社会舆论形成了,民众们都在看、都在观察,宣传得再好不如采取切实的行动;民众的眼睛都是雪亮的,事实胜于雄辩、行动胜过口号,对人民的尽职、对历史的负责最能说明一切问题。一个个"老虎"被打、一个个"苍蝇"被拍,真正在全社会树立了正气、弘扬了正义、传播了正能量,还有什么比实打实的真刀真枪实干更能践行法治、更能影响大众呢?法治中国建设的反腐实践对于广大的民众而言就是一种看得见的正义,法治中国建设的反腐实践持续推进,没有一定之规,没有预设边界,没有反腐禁区。没有一定之规并不是说反腐没有遵循规则和规矩,恰恰相反,意在指法治中国反腐实践没有人为禁区,不按照常理出牌,确实是哪里有腐败,哪里就有法治反腐,真正做到法律的统治和法治的思维,呈现出打破常规、坚决反腐的决心,向世人展示了法治反腐的新气象。法治中国建设的反腐行动切实受到各国称赞,受到民众的真心拥戴。法治中国建设的反腐实践使人们相信是在实行以法律的统治为内容的真法治,而不是运用法律治民的伪法治。法治中国建设的反腐实践是最好的教科书,是最生动的思想政治教育课堂,对当代大学生的法治认同具有最直接的重要影响,极为有力地促进了当代大学生法治认同的生成。

(三)提升当代大学生法治认同问题的文化影响因素

当代大学生法治认同除了受上述经济基础、政治因素的影响作用之外,我们认为,作为一种文化心理现象,作为一种主体思维活动,法治认同更要为主体自身的理性所左右,这是一种内在的权衡和选择。

法治意味着法律规则是可预期的和公开的。季卫东教授认为人们之所以自觉遵循法律是出于理性的权衡。当然这种说法也不是绝对的,法律和法治肯定有道德的一面，人们有时候出于道德也会服从法律，无论如何，就法律的道德性而言，良好的意图往往于事无补，有些人对法律都不顾忌了，道德还有底线约束吗？这肯定只是一个较小的理由，甚至有时候确实不起作用，法律的内在道德注定基本上只能是一种愿望的道德。因此，我们完全有理由认为，大学生法治认同生成的过程就是法治主体的理性思维和权衡的过程。

大学生是一个朝气蓬勃的群体，他们的世界观、人生观处在一个尚未定型的阶段，极易受到外界的左右和影响。他们在寻找自己人生的定位并规划自己的未来蓝图，他们最需要理性也比较缺乏理性，虽然他们拥有知识也富于开拓精神，但是毕竟阅历浅、经验少，这些恰恰正是理性所需要的重要基础。大学最愿意结交良师益友，其实是需要人生导师，他们更愿意寻找人生中的贵人，希望相提相携；他们需要与人畅谈，愿意接受教诲，他们更愿意寻求理由论证，进行理性权衡，服从理性权威，进而可以走向成功的殿堂。当代大学生易于服从权威，但他们会追寻理由论证，绝不是盲目服从。国家在追寻民族复兴的伟大梦想，大学生在与时代共奋进中实现个人的美好蓝图和愿景，追寻成功的强大动力使大学生在从事着正当性和应然的理性选择，法治成为一种最佳答案，法治同时也是国家的理性选择。

作为对人类行为具有指引和规制效力的规范，法与单纯的暴力威胁或权力命令之间的首要区别，即在于法的权威生成于某种说理或论证机制。这种理性权衡的论证过程会涉及伦理价值与道德的判断，要遵循社会意识形态和主流传统文化的要求。只有通过不断的说理与论证，才能够使法深入理性的结构中，使公民对法的正当性产生确信和认同。现代民主型法治的生活状态下，人们不为任何非理性的强力所控制，一切对自身的抑制都充满了合理性。所以，大学生的法治认同是一个主体内在权衡、理由论证的结果。

当代大学生法治认同的基本机理在于——法治认同是一种社会现象，而且是一种心理文化层面的社会现象，必然受到现实社会中各种因素的制约与影响，必须遵循马克思主义关于事物发展的一般历史规律。研究当代大学生法治认同问题要对大学生法治认同的主要影响因素做深入系统的研究分析，当代大学生的法治认同首先要受社会主义市场经济发展阶段的经济因素制约，毕竟经济基础具有决定性影响，对大学生自身利益的切实有力保护是培育大学生法治认同的根本前提，利益保护是大学生自身实践法治的肇始和原动力。从这种意义上讲，经济因素虽然具有决定性的影响，但政治因素更是刚性制约，甚至在某种意义上讲，政治因素是显性因素，必须表明政治立场，而经济因素是隐形因素，在政治因素面前，非决定意义的经济因素可以退而求其次。当代大学生的法治认同还绝不能忽视主体自身的能动性，主体是人的因素，主体自身的理性选择与权衡把握着主动权，作为从事大学生思想政治教育的高校教师，我们始终不能也不可以忽视大学生主体自身的主动性和积极性，需要我们对大学生创设各种情形、进行积极引导，充分发挥他们自身理性权衡的积极效用，更好地培育大学生的法治认同。

六、提升法治权威的正当性基础

当代中国迎来一个前所未有的历史机遇，法治建设成为实现中国梦的历史选择，人们对法治寄予了太多、太大的期望。民众对国家的信任和拥护是国家政权稳固的根本所在，党的十八届四中全会通过的《中共中央关于全面推进依法治国若干重大问题的决定》受到了国际国内社会广泛的好评和支持，显示国家、政党、民众对法治形成了较为广泛的认同。大学生群体是一个富有朝气、充满活力的代表性群体，是社会发展最重要的人才后备队伍，是社会思想意识潮流的引导者、领跑者。大学生群体是青年群体中的优秀代表，最容易培养出适合当代社会发展需要的优秀青年和社会主义事业建设者；同时大学生群体在社会青年群体中占据数量上的绝对优势，他们对其他青年群体成员的影响力、吸引力也是占据主要优势地位的。这也决定了大学生群体中不乏社会意见领袖，作为社会精英群体的意见和思想极容易得到广泛传播，大学生群体的认同在某种意义上是当代社会青年群体的主要认同，根本原因就在于他们最富有热情，也是最有闯劲和干劲的，他们最有激情也是最有创新和活力的，同时，他们是最有影响力也是最能代表广大青年，最有社会感染力的。因此，在社会急剧转型期，大学生的社会认同尤为重要，对于提升社会权威具有领跑、引导、影响和辐射的重要作用；而大学生的法治认同在当今社会思潮中又是最有主流思想意识代表性的，最符合当下法治中国建设的现实需要和未来发展方向的，大学生的法治认同无疑是当今青年群体社会认同中最重要的一种社会认同，对于引领社会思潮、保障和实现青年健康成长成才，对于塑造社会权威、维护与促进社会发展无疑具有现实的重要意义。

(一)法治权威的现实基础与基本前提

1. 法治权威的现实基础

对人们正当利益的承认和维护是法治认同形成的现实基础。人们之所以认同法治，是基于一种普遍的需求和希望。推行法治是政治家的选择，同时对公众来说也是最佳选择。法治具有超阶级意识形态的特点，可以凝聚不同阶级的利益诉求，是一种国家信仰或国家理性。公众期待法治能实现和保障其正当利益，享受稳定的社会秩序和正常的工作生活。因此，当代大学生认同法治的根本基础在于认同是一种利益期待，完全符合市场经济规则。公民需要通过健全的法治获得全面、平等、正当的法律利益保护，尤其是当公民的合法利益受到侵害时，法治应该为公民提供一种周到而现实的保护机制，让公民的正当利益得到及时恢复性补救。

首先，法治应当为公民提供一种正当的利益保护。法治追求的多元价值中包含公正、正当，法治应当为公民的正当利益提供法律保护，公民在法治实践中体验到的是一种公正价值，有助于培养对法治的认同感。反之，助长特权、破坏公正、保护非法利益的法治实践只能减弱公民的法治认同感。依法治国作为一种理性选择的治国方略，在党的十八届四中全会后提升到了一种新的战略高度，从社会公众视域看，公民对法治的期望值普遍较高，认同度也较高，尤其是中央提出的反腐政策得到了国际国内的点赞，昂山素季访华期间就曾表达敬佩中共反腐决心和力度。"老虎""苍蝇"一起打的做法使法治得到贯彻实施。打击非法势力正是对民众正当的利益保护，包括公民的生命、财产利益，从而极大地提升了公民对法治的普遍认同。

其次，法治应当为公民提供一种平等的利益保护。平等在法治的价值中有着特殊的意蕴，公民最易于感动和满足的是受到平等相待，只要平等便无其他可言，唯有平等最能服人。办事求人，可以获得特殊优待，似乎高人一等；求人思维与平等思维最相矛盾，因为如果养成法治思维，平等是法治的应有之义，是自然而然的结果。大家都认同法治，自然按照制度和规则办事，无须求人，反之，法治如果不能为公民提供一种平等的利益保护，便会助长求人思维，甚至破坏法治。因此，法治应当为公民提供一种平等的利益保护，久而久之，公民的法治认同便有了坚实的实践根基。

最后，法治应当为公民提供一种现实的利益保护。此处，现实的利益保护有两层理解，一是法治应当为公民提供一种可实现的利益保护，曾经出现过这样一种现象：胜诉者在街头公开拍卖法院判决书——此种现象的实质是公民对胜诉预期利益不能实现的抗议和嘲弄。法治只有为公民提供一种可实现的利益保护，才能真正实现公民的利益保护期待，才能在法治实践中让公民感受法治的真实，才能有利于培养公民的法治认同。二是法治应当为公民提供一种及时的利益保护，迟来的正义不是正义，姗姗来迟的利益保护无法真正保护公民的合法利益，甚至会极大地损害公民的正当利益或者造成难以挽回的利益损失。及时提供利益保护才能让公民认识和体会到法治的现实性，所谓越及时越现实，法治实践中公民最需要现实和及时的利益保护。

2. 法治权威的基本前提

要让人们认同法律的合法性，自愿遵守法律，最基本的前提就是立法和执法应当具有可见性、可审视性。认同本身就意味着是一种思想和理念的共鸣，是认同主体对认同客体的内心接受，当然公民同法律打交道、认同法治自然应当是一种发自内心的意愿，起码不是一种外力强加。

要实现这一目标，法治首先应当做到公开、公正，实现看得见的正义。法治不是神秘的武器，愈是公开愈是公正，公民才能信服，这种可见性要求公民应当参与到当前的立法和司法过程中来，听证程序就是公民参与立法的很好例证，也只有广泛听取民众意见的立法才能最大限度得到民众的维护和遵守。因此，依法治国的实现要充分保障公民的参与权，公民积极参与法治建设、法治实施本身就是对法治的极大认同，公民参与保证了法治的公开和可见性，公民参与培育了公民的法治认同。

其次，法治应当接受民众的批判和监督，自觉与民众相融共生的立法和司法才是最有亲和力和生长力的法治，才能最容易生成公民的法治认同。以往成为热点案例的广州许霆案、辽宁刘涌案，有人评价说是舆论左右了司法，与其说是舆论左右司法不如认为是民众在审视司法，公民在用一种普遍的社会道德审视现实的司法，能够经得起民众公开审视和批判的立法与司法，才是最易于得到公民认同的立法与司法，国内国外的司法实践莫不如此。当然国内与国外的司法传统存在很大差异，也许国外的司法传统是公民首先要认同法治的形式要件和司法独立性，因为形式和程序要件的合法而接受和认同一个不合法的结果；国内的司法传统或许更多是因为实质和内容要件的不合法而拒绝接受和认同一个合法的结果。两种情形的共同点是公民都在审视着立法，尽管审视的视角有差别，但起码说明了审视法治是公民法治认同生成的基本前提。

(二)法治认同树立权威的正当性基础

法治与公平紧密相连，公平是社会权威的价值基础。法治认同是因为法律能够满足人们的利益期待和价值需求、能够有效实现保障权利和限制权力的社会目标，从而使公民发自内心地产生对法治的自愿服从、尊重和信赖之情。由此可见，人们选择法治本身就是社会成员之间达成的一种理性共识，法治认同自然与树立社会权威紧密相关，其正当性基础是建立在民众的内心响应——理性权衡——政治共识的达成这一基本逻辑根基之上而形成的。

1. 内心响应

权威的约束力，依赖于被约束者认为妥当的其他理由，依赖于正当化论证，依赖于内心响应。社会需要权威，权威的形成往往依赖于传统，人们习惯于遵从传统，这是一种心理响应定式。法治是一种传统，带有各自民族和国家的强烈历史传统色彩；法治是一种历史经验的总结，包含大量的约定俗成和惯例。法治认同本身就是遵从法律、信守传统的结晶，是民众对传统和惯例的认可与接受。权威的力量一方面来自权威自身的感染魅力，另一方面也需要民众对权威的内心响应，权威不可能仅靠强制力树立权威，即使靠某种外在强制力树立了一时的权威也难以达到长久的权威、真正的权威。权威可以分为人格化权威和非人格化权威，人格化权威靠的是个人魅力，非人格化权威可能有多种表现形式，法治是一种比较具有共识性的非人格化权威，民众对法治的内心响应和普遍信服是一种历史的选择和推动，是一种权威的引领和带动，非人格化权威正处于形成之中。因此，在经济新常态下的大数据时代，法治认同能够树立权威的正当性基础首先在于民众对法治认同的内心响应，尤其是对非人格化权威的自觉服从和遵从，这是权威具有约束力的心理定式基础。

2. 理性权衡

柏拉图所期待的哲学王、庄子所倡导的内圣外王，着眼点都是理性权威而不是实有权力。民众对司法的自愿服从并不是简单依赖于司法的强制力，多半是对司法过程和判决内容的一种理性权衡，在某种意义上讲，法院本身就应当是理性的一种化身，法官是最理性的人，司法过程是完美展现人的理性的集中场合。整个司法进程包括的启动、审理、质证、辩论、裁决都是一种理性的选择和智慧的抗衡，人们经过司法理性的洗礼，特别是裁判文书的说理教育，其实就是一场生动的理性法治教育，人们服判遵法就是内心经过权衡比较最终服从于理性权威，这种权衡论证就是法治认同有效树立权威的正当性基础。人都是社会中的具体人，社会人是理性之人，在法治认同的过程中，人们会不自觉地掺进道德评价的因素，总是从自己的道德情感出发，做出符合个体和社会道德情感的评价和抉择。但同时符合个体道德情感的评价和抉择并不总是符合法治的判断，因此人们总是会运用理性来进行权衡和比较，试图克服不符合理性判断的选择，最终作出一种在个人道德情感和理性权衡之间妥协的最佳选择，当然个体道德情感和理性权衡之间并不总是完全矛盾和对立的，有时甚至可以是一致的。个人、社会、国家同样都需要理性，法治是实现理性的载体和必由之路。因为法治具有规则性和程序性，具有预期性和确定性，人们根据法治的指引可以预测到自己行为的后果，使未来社会发展演变成一个可以确定的规则运行的过程，人们的行为变得可以确定起来，人们知道该如何行为和为什么该这样行为，国家与社会形成了一种让人们自愿服从和尊重的权威形态，当然这种权威形态是非人格化的法理型新权威，是截然不同于以往传统社会中的个人魅力型的精神领袖权威。在此过程中，理性权衡始终起到了引领和把握的推动作用，构成了法治认同树立权威的正当化进程和有效途径。

3. 政治共识

作为法律概念的法治，实际上是指一种法律文明秩序，即社会框架、人的行为、交往、活动皆以法律为依归。法治同法律一样带有政治意识形态属性，法律意识的阶级性不再是主要的问题了，但人们法律意识上的不同政治倾向性或者价值性还会存在。不管人们是否深刻地意识到这个问题，法治与政治意识形态并存，一谈到法治问题，不可避免地会涉及政治意识形态属性问题，也恰恰是政治意识形态问题使得法治更加步调统一，使得法治具备了灵魂和统帅。中国法治必须奠基于中国的文明传统之上，它一定有着与西方法治截然不同的结构和气质。中国法治需要一种政治向心力。政治意识形态是最能团结人心的，法治凭依政治属性和政治向心力能最大化凝聚人心、形成共识、树立权威，这种层面的共识和权威是一种政治共识和政治权威，法治承载了反腐倡廉、政治清明的时代重托，法治承载了稳固国权、繁荣发展、通向未来的历史重任，法治还承载了中华民族伟大复兴之中国梦的铁肩道义。法治在十八届四中全会之后受到空前追捧，比任何网络流行语都受爱戴，法治认同达到了一种前所未有的高度，法治认同在树立时代权威、提升政府权威方面形成了深厚的政治根基和政治向心力，法治话语因为这种时代属性和政治共识而成为一种主流话语体系和主流意识形态。在相同条件下，优先提拔使用法治素养好、依法办事能力强的干部。党员干部要自觉提高运用法治思维和法治方式深化改革、推动发展、化解矛盾、维护稳定的能力，自此，选拔任用领导干部注重其在工作中是否善于运用法治思维和法治方式，法治工作队伍成为首要的人才保障，法治认同具有了强烈的政治向心力，法治认同的生成为提升法治政府权威奠定了坚实政治基础，锻造了普遍的非人格化魅力。

七、提升当代大学生法治认同的逻辑起点

提升当代大学生法治认同需要围绕两个核心概念展开，即民主和法治，具体而言，民主是一种共识，依法治国方略的实施本身就是一种政治共识的达成，是建立在对社会发展与法治运行规律的基础上做出的一种战略选择，是对人类社会发展的未来趋势的科学把握。当然，从中华民族伟大复兴的角度上纵览，我们也可以发现，中国法治的发展历史进程始终是与民族复兴的伟大征程相契合的，走出了一条始终以中华民族复兴为主线的中国法治的兴衰历程。民主共识是前提，中国法治道路始终与人民民主发展的政治强音同频共振，法治道路是展开，推进当代大学生法治认同就是要从民主共识与法治道路的两大逻辑起点出发，培育内在的情感动力、内化法治的价值引领、养成法治社会的公民意识，最终在法治社会的制度实践中强化和生成高度的法治认同，为依法治国方略的实施不断提升文化软实力建设水平，培养出法治社会建设所需要的高素质人才。在近代西方的法治理念中，法治是必须与民主相连的，如果没有民主，法治也仅仅是一种理想，这可以看作是近代法治类型的一个重要维度。今天，我们论述大学生的法治认同同样离不开这个重要维度，而且大学生法治认同的两大核心支柱：民主和法治——这是两个核心概念，历久弥新、越发凝练。在论证法治认同的主要内容时成为两驾马车或者机体两翼，两者的谐调才能保证主体的稳固与和谐。民主作为共识性根本内容，民主是法治认同的核心，是一种达成共识性的政治理念，而法治是保障，是法治认同的重要依赖，是一种具体的制度化重要道路。

（一）民主共识性根本内容

人们为什么会产生法治认同？凭借什么而认同法治？这是产生法治认同的根源和本质性内容，人们必然是因为其中的价值因素才会产生法治认同。所谓价值因素就是对主体民众的需要、活动和实践产生积极作用的因子，而且这种价值因素是对当代中国社会绝大多数人有着充分的有利性，是代表了全体民众的一种共同追求。从人的需要和尺度的客观性方面，可以理解价值是一种客观的相互作用

过程及其结果。对于民主型法治而言，宽容的态度和对多元化的践行是最为可贵的品质。中国的政治正在走向一种越来越宽容的良性循环状态，容许众多不同的声音，容许普通民意发声，愿意倾听普通民意声音，新媒体的广泛使用客观上也带来了极大便利。记得看过一段视频，某位全国政协委员在全国政协会议上的演讲题目是尽量让国人少求人、不求人！这是典型的民主心声，是民声的召唤，是对时政心声的公开表达，当然也是对现代中国广泛存在的传统弊端的针砭，这就是一种政治宽容，容许民众声音的传递和诉求表达。凡办事就得求人，即使合情合理合法的事也会首先想到求人，这正是中国传统社会中情治思维和行政思维的典型性表现，尽管我们对之进行努力改造和修正，无奈遗留甚深，绝非能轻松改掉。治其良方便是法治，厉行法治，遵循规则，明确预期，给民众一种公开的确定性就必须运用法治，而且是执政者首先带头遵守法治，不利用所掌握行政权力去享受规则外的利益，这首先就是一种民主共识的凝结①。

习近平总书记的有一句名言：把权力关进制度的笼子里。然而，现代民主法治社会中却有人对"权力关进笼子"提出某种疑问，美其名曰：既然关进笼子里，谁掌握笼子的钥匙呢？

依笔者个人看，问题很简单，也说明质疑者的无知和情治思维，他们只知道问谁掌握钥匙，没有问也没想到去问钥匙是什么？习总书记既然能以一位大国领导人和政治家的智慧讲出这句政治名言，当然知道谁掌握笼子的钥匙，也知道笼子意味着什么。在法治思维模式下试想，什么才是笼子呢？当然是法律，现代民主社会下，法律就是关权力的笼子；打开笼子的钥匙就是掌握民主立法的民意代表，笼子的钥匙就掌握在千千万万普通民众的手中。除非法律被废除了，法律崩溃了，笼子才关不住权力；只要实行法治，法律拥有权威，笼子就一定能关得住权力这个桀骜不驯的魔兽。法律的最高权威确立之后，社会就按照近代哲学家（如洛克、休谟、康德）归结为宇宙—自然法则的理性来运转。所谓宇宙—自然法则今天看来其实就是能使民主社会、法治社会进行良性运转的规则、法治和良

① ［美］富勒.《法律的道德性》，郑戈译，商务印书馆出版，2015.

法。可能很多人会有一种误解，认为民主会拒斥权威，其实这是不对的。民主与权威可以相辅相成，民主从来不会否定权威，真正的权威其实是在民主协商基础上达成共识才能形成事实上的权威。民主使人充分表达意愿，使人心情舒畅，达到心灵的洗涤；通过民主协商形成的权威，真正做到了使人心悦诚服，那种对权威的服从是一种发自内心的服从，是天地无私的归顺权威，即使有不同意见也会做到无条件服从权威，绝不是那种外力强迫的服从，因为服从者知道是民主协商后的服从，是服从民意的权威。在这种情景中，权威的价值也立即凸现出来，在民主的氛围中，我们依然可以看到权威的价值。正是有了权威，人们不会再做无谓的争夺。记得当时小布什和戈尔两个人竞选总统，戈尔得的选票多一点，小布什折算各个州的选举人票数多一点。在只差一丁点的情况下，戈尔不服气了，双方最后诉诸联邦最高法院。九名大法官做出裁决，5∶4判定布什赢。判决一出，戈尔立即发表败选声明。小布什和戈尔的选举之争中，选举本来就是行使权利的民主形式，民主不能决定的时候，是联邦最高法院的司法权威决定了最后的结局，尽管不能说联邦最高法院的判决就一定是最正确的，但可以说是最权威的，因为权威是不可推翻的，因为是不可推翻的，所以是正确的。权威的价值就此显现出来，权威定纷止争，而且是在民主的基础上定纷止争，美国联邦最高法院的九名大法官是通过投票的民主形式做出最后的判决，而且是解决了民主难以解决的问题。

其实真正的民主不是争夺，而是一种宽容的精神。宽容的精神是一种柔性的力量，中国的太极自古就讲究刚柔并济、以柔克刚，中国的传统文化也讲究怀柔。今天的中国在实施依法治国战略的同时，也宣布要重视发挥社会组织的作用，要求行业协会等社会组织与行政机关脱离，回归行业自治。在笔者个人看来，行业协会等社会组织与行政机关的剥离和回归恰是让社会组织回归本来面目，脱去刚性的外包装(本不应有的一面，是在借助行政机关才具有的所谓刚性一面)，显现本来的容貌和本性，回归社会性，去充分发挥柔的一面，从而在社会事务中发挥应有的作用。同理，我们的大学生思想政治教育是做人的工作，柔的一面应当是主流，民主应当是根本，我们应当让当代大学生因为民主的共识性内容而充分认同法治、正确地认同法治。大学生群体是未来社会的精英阶层，是现在的准精英阶层，师道尊严极其容易侵害师生间的民主，我们要格外注意保护大学生群体，让象牙塔中的孩子们接受民主的熏陶，不久的将来真正步入社会时，能够做社会的净化器，感染、影响、教育社会中的其他群体成员和个体成员，做到仰视法律、遵循法治、善于法治思维、运用法治方式去行使权力和权利，做到少求人、不求人，多求法、多用法，这是民主的共识——法治认同生成的根本所在。

（二）法治制度化重要进路

中国法治必须奠基于中国的文明传统之上，它一定有着与西方法治截然不同的结构和气质。中国法治正努力走向现代法治，在这个进程中表现出一种兼收并蓄的进步与开放姿态，努力打造一条通往文明和未来的制度化道路。现代法治必须以对人格的尊重为前提，人格的在场可以使得现代法治成为人自身的生活方式，可以使得人们积极主动地投入法治的行动之中。现代法治的核心理念包括平等、民主、公正、正义这些良法、善治的基本价值追求，而平等和公正必然意味着作为法治主体的人的平等，社会有着各种各样的制度和文化理念，法治成为一种基本社会底线。社会中的人对法治都有着各自具体的利益期待，在此过程中只要是彼此真诚相待、互相尊重，理想化的状态是人人都应该能成为积极参与者，人人都能从中获得法治所带来的预期利益，从内心自愿服从这一规则，产生对法治来自心底的认同，法治成为产生认同的制度化重要道路。一个相反的例子，缺乏尊重、高高在上、充满鄙视、破坏认同的典型案例：农妇跪求保安欲进县政府被踹出，一位和保安的母亲年龄相近的农妇用跪爬的方式都没能进入威严的政府大门，倒背双手、身穿安保制服的两位身强力壮的年轻保安，两者形成鲜明的对比，农妇不能认同这样的法治，任何一个有良知的社会主体都不可能认同，反倒激起民众的愤慨与不满。与此形成鲜明对比的是，习近平总书记出行不封路、庆丰包子铺用餐自己付钱、与山区农民盘腿坐土炕、唠家常、冒雨卷裤腿视察、自己撑伞等，习总书记的亲民、法治形象深入人心，"老虎苍蝇"一起打的廉政风暴表达着对破坏法治的痛恨和惩治，在树立法治认同方面无不处处体现着尊重人格、关爱平等的人性理念。

仔细考察中国的法律生长与法治道路始终是与民族复兴相伴而生的。近代中国的民族复兴与法律生长是一段值得我们反思和记取的历史，在一定意义上，是国家富强、民族振兴、人民幸福的当代中国梦与国家的依法治国战略相融相近、共谋发展的参照系。法治激起的是民族精神，法治成就民族复兴的伟大中国梦想，法治成为民族复兴的重要道路。土地问题曾经是中国民生和国家发展的根本问题，抓住土地问题就是找到了中国当时社会发展的牛鼻子，就能最大限度凝聚起最广大普通民众的人心，由此，法治得以发展壮大，从而建构起富有中国特色的政法传统的时代权威，中国共产党人创造性走出了一条与国家民族振兴相契合的法治生长道路。今天，中国面临着民族复兴的伟大强国梦想，法治又一次成为值得托付和倚重的对象，法治面临着凝聚民主共识、形塑社会权威、实现国泰民安、打造富强中国的历史重任。法治建设只有与社会发展相契合，符合国家与公民个人的共同需求，与国家富强、个人发展相谐调，才能形成发展的持续动力，才能走上法治兴则国家兴的谐调生长道路。

民主与法治的平衡一个永恒的课题。民主是政治的共识性需要，社会各阶层都希望民主的政治局面，民主是历史发展的趋势，能够满足民众的政治需求，但是民主到什么程度才是民众需要的民主，民主需要一个界限和限度，这就是一个度的问题。理论上和实践上都很难完全区分清晰，所谓恰到好处的把握也只是一种摸着石头过河的事后分析，总是摸着石头过河，没有对未来的明确预期又显然不符合现代民主法治的基本规则和根本精神。我国法学家们在描述今日中国的依法治国方略时用过一句较为经典的概括：法治是在一个不明确的时代给我们一个确定的将来。法治何时介入民主算是最民主，法律上永远不可能给出最完美的答案，任由无序发展不是真正的民主，过早介入会招致司法专横的恶名，过迟介入也会导致法治的不公。在这一点上，中西方是相同的，中国传统文化向来注重适度、得体的措辞。儒家传统文化的精髓是中庸之道，讲究不偏不倚，和合文化得到普遍认同；美国司法也有关于法治的确定性价值的经典表述，我作的判决之所以是终极性的不可推翻的，并不是因为我作的判决正确，恰恰相反，我之所以判决是正确的，是因为我的判决是不可推翻的。因此，大学生在学习法治基本理念方面应该掌握传统中西方文化的精髓，追求政治民主方面应该结合本国发展实际，不宜一味模仿照搬西方理念，大学生应该充分掌握吸收中国传统文化的发展精髓，做到心中有法治、不过激，有底线、守规则，方能在国家发展与个人进步之间做到同频共振，循着依法治国的方略，成就时代精英之才。

象牙塔中的大学生越来越多地表现出与时代和国家社会的共命运，他们关心社会、关注时事，积极投身于社会实践之中，引领着时代精神，向往着未来愿景，担当起法治建设的主力。民主和法治焕发出勃勃生机，现代社会必须做到民主有度，法治明确，民主代表着共识性根本内容，法治意味着制度化重要道路，民主与法治的谐调铸就当代大学生法治认同的生成。

在依法治国的法治建设实践中，法治认同的最直接后果将是对法治权威的服从和尊重，法治认同能够为权威建设提供情感动力并起到价值引领的重要作用。因此，提升当代大学生法治认同，从战略上看，首先我们要充分关注对当代大学生法治认同的各种社会综合影响因素，还要特别注重发挥政府法治权威的正向统领作用，遵循这种逻辑思考，从民主的共识性根本内容和法治的制度化道路两大逻辑起点出发，才能为当代大学生法治认同选准正确的战略方向、确定恰当的战略和策略，并为推进当代大学生法治认同的具体路径选择奠定基础。

第五章　推进新时代大学生法治认同的路径选择

提升当代大学生法治认同除了从战略上找准逻辑起点，充分发挥法治权威的正面积极影响，更为重要的是要从具体推进策略上选择好实现路径。这是对战略性问题的完善落实，是能否真正落地生根和能否结出硕果的关键问题。从实现策略上来讲，推进当代大学生法治认同的路径具有非常大的可选择余地，要综合实策，注意全面推进和整体推进，例如大大加强对大学生的法治宣传教育，真正激发大学生对当代法治的信任和敬畏情感，做到确实将法治的理性价值内化于心，形成法治社会建设所需要的真正法治思维和良好的公民意识，并最终在生活实践向度和社会维权实践中实现对法治的高度认同。

党的十八届四中全会提出要深入开展法治宣传教育，把法治教育纳入国民教育体系。大学生是依法治国方略和法治中国建设的重要践行者，同时又是法治教育的重要对象和受益群体，因此，高等院校要努力将法治宣传教育内化于大学生思想政治教育的整个过程，全民都要学法、知法、守法，全社会都要尊重宪法、实施宪法，确立和落实宪法的最高法律地位，这一切在今天看来，非常需要而又迫切。因为法治的成长道路始终是与中华民族的伟大复兴道路相契合的，法治的兴盛发达代表了中华民族和整个国家的兴盛发达，法治成为一个国家与社会治理的现代化标志，法治代表着社会发展的未来趋势，法治将成为未来几十年的硬道理，我们形成这样的法治认识也不是一蹴而就的，是经历了正反两个方面和国际国内的经验教训而得出的一个符合当下中国社会实际的科学结论。这样看来法治宣传教育在大学生思想政治教育中的地位更加重要和突出，对于法治中国建设具有重要的现实意义，依法治国的伟大宣言将是大学生法治教育和大学生思想政治教育的纲领性宣言，在未来几十年里，我们将以依法治国作为大学生法治教育和大学生思想政治教育的旗帜和方向，如此才能坚定我们的法治目标，做到法治育人、法治树人，不断向着法治社会迈进。

第一节　加赋法治宣传教育

一、大学生法治直传教育的重要价值和现实意义

法治的影响力和作用力日益显著，法治的核心在于宪法，树立敬畏宪法、宪法至上的法治理念，依宪治国、依宪执政在新时期大学生法治宣传教育中具有特别重要的理论价值和现实意义。

（一）大学生法治宣传教育的重大理论价值

第一，新时期大学生法治宣传教育事关我国实现依宪治国、依宪执政的重大战略问题。大学生源源不断地进入公务员的行列，试想在大学时期，我们的大学生如果不能形成宪法信仰、法治信仰，到了工作岗位成为国家公务员之后也必将直接危害我们依宪治国方略的实施。大学生是时代的精英，是我国未来发展的主力军，新时期大学生法治宣传教育事关我们党和国家实现依宪治国、依宪执政的重大战略问题，是我们走向法治、建设法治国家、构建法治社会的一个迫切而现实的时代性社会课题。

第二，新时期大学生法治宣传教育事关国家文化软实力提升的全局性问题。弘扬社会主义文化、践行社会主义核心价值观是提高我国国家文化软实力的重要路径依赖。新时期大学生群体成为我们国家弘扬社会主义文化、践行社会主义核心价值观的重要主体，大学生的文化素养、法治素养，尤其是宪法素养，成为当代大学生弘扬社会主义文化、践行社会主义核心价值观的关键因素。新时期大学生的宪法素养、法治素养本身就是国家文化软实力的一个有机组成部分，从根本上决定着我们国家文化软实力的水平和层次。国家的发展看青年。青年的主体是大学生，大学生的教育以法治宣传教育为统帅，一个尊重规则、注重程序的群体总是敬畏和服从法律，因为服从规则、敬畏法律而成为具备较高素养、充分彰显

文化软实力的国家和民族。因此，新时期大学生法治宣传教育更是事关国家文化软实力提升的全局性问题。

第三，新时期大学生法治宣传教育事关大学生健康成长的根本性问题。新媒体时代的来临，大学生面临更多新技术的冲击和思想洗礼，在诸多的社会问题面前，大学生的成长成才和健康成长越发凸显重要性和紧迫性。微信、微博等方便快捷而又新奇的通信技术，先进的 3D 技术、智能产品，网络生活模式，还有西式传统文化和生活理念给当代大学生带来的冲击和震荡是难以想象的，也是难以具体估量的；70、80 年代的怀旧风和当下大学生的虚拟世界相比，那种单纯而怀旧的朴素思想在新技术、新媒体时代格外苍白，我们可以想象得到新时期大学生的健康成长环境受到多么深刻的变革和影响。大学生中的杀人犯、吸毒犯，炫富，给女生定星级等发生在象牙塔中的各种事件表明新时期一些大学生存在健康成长问题，因此，亟待通过法治来解决一些危及大学生健康成长的根本性问题。法治宣传教育既可以促使大学生依法而为，又可以鼓励大学生同侵犯自身合法权益行为作斗争。培育法治理念、树立宪法信仰、弘扬宪法精神，面向大学生做好法治宣传教育就成为依宪治国新时代事关大学生健康成长的根本性问题。

（二）大学生法治宣传教育的重要现实意义

第一，全面践行社会主义核心价值观的现实需求。社会主义核心价值观体现社会主义核心价值体系的根本性质和基本特征，反映社会主义核心价值体系的丰富内涵和实践要求，是社会主义核心价值体系的高度凝练和集中表达。在大学生中积极推进法治宣传教育是社会主义法治建设的一项基础性工作。大学生是青年最主要的群体，青年大学生承载着国家和民族的未来，各个国家历来重视对大学生的教育培养，唯有人才方能兴国，人才的后备大军源源不断地来自青年大学生这一社会精英群体。大学生是最富有朝气，也是最易于受社会大环境影响的一代，他们往往思维活跃、视野开阔，最善于冒险尝试，接纳新鲜事物的能力特别强，因此，在意识形态领域里，对青年大学生阵地的占领成了主要争夺目标，究其根源，就是大学生是最能代表社会发展方向，最富有创造力的活跃者，更是主流价值观的重要承担者。鉴于青年大学生群体的时代特征，大学生是践行社会主义核心价值观的基本群体，在大学生中积极推进法治宣传教育本身就是在践行社会主义核心价值观，同时，法治宣传教育的有效推进也能够从意识层面和实践层面促进大学生更加全面践行社会主义核心价值观。

第二，构建社会主义和谐社会的重要基础。党的十八届四中全会提出：增强全民法治观念，推进法治社会建设。建构社会主义和谐社会就是建设法治社会，社会需要规则和秩序，法律是最基础的规则，法律也是维护秩序的最有力武器，法治宣传教育能够培养大学生的法治意识，使得大学生遵守法治、维护秩序。和谐社会的主要表征是稳定、有序、发展和融洽，社会治理体制不断创新，社会各方利益关系实现平衡和有效协调。对于国家来讲，建设小康社会、构建社会主义和谐社会，是一元的价值导向，不可动摇。三个倡导的社会主义核心价值观正是这种一元价值导向的具体阐发和丰富论证，相对比而言，青年大学生群体正处在人生社会化发展的关键时期，由于其所处的社会历史和生活条件具有开放性、多元性，思想、信仰易于受到社会外界不同思想观点的影响，价值取向呈现一种多元化趋势，这种价值导向的一元和价值取向的多元两者之间并非截然对立，而是有效统一于两者的共同利益需求——社会主义和谐社会的建构之中，因为建设社会主义和谐社会是最广大人民利益的根本体现。在大学生中积极推进法治宣传教育能够有效引导当代大学生的思想发展和价值取向，在构建社会主义和谐社会中，实现对青年大学生群体的积极导向作用并为之提供坚实的思想基础和人才基础。

第三，有效预防和减少犯罪，维护社会稳定的主要举措。缺乏法律知识、守法意识淡薄、没有法治信仰是当代大学生违法犯罪的主要根源。笔者在给大学生上法律课程的过程中就发现，很多人对违法犯罪行为的严重后果几乎没有意识，根本没有认识到后果的严重性，往往是稀里糊涂就成为一名违法犯罪者；当他们知晓了某种违法犯罪行为的严重后果后，往往感到非常震惊、悔恨不已。大学生中的法盲是相当可悲的，在新技术高度发达的今天，新媒体环境下，如果高等教育还能培育出如此多的法盲将是高等教育最大的悲哀和最大的败笔。在大学生中积极推进法治宣传教育可以擦亮他们的双眼、启迪法治智慧、增强守法意识、塑造法治信仰，在具体的学习、社会生活过程中培养其法治意识，树立法治之弦，有法治红线的警示约束，就能够有效预防和减少大学生违法犯罪、在关键时刻挽救学子，避免付出一生难以挽回的沉重代价。在面向大学生进行的法治宣传教育中，通俗化、形象化的危害后果能够极大地增强法治的震撼力和认同度，因此，形式多样、丰富有效的直接法治宣传教育可以警醒青年大学生、鼓励他们远离不良行为、同违法犯罪行为作斗争，进而维护学校和社会的稳定发展，维护良好的社会环境。

（三）依法治国视域下，大学生法治宣传教育的重要内容

《中共中央关于全面推进依法治国若干重大问题的决定》指出：坚持把全民普法和守法作为依法治国的长期基础性工作，深入开展法治宣传教育，引导全民自觉守法、遇事找法、解决问题靠法。新时期面向大学生做好法治宣传教育，我们要深刻理解全面推进依宪治国和依宪执政战略的重要内涵，做好依宪治国面向大学生群体进行法治宣传教育的具体实施，我们要特别注意把握和深刻理解党的十八届四中全会确定的法治宣传教育的这一科学内涵，把大学生法治宣传教育全面拓展到立法、执法、司法、守法全过程，创造性地开展工作，推动全民广泛进行法治宣传教育工作的持续深入开展。

（四）宣传法治理念

依宪治国视域下大学生法治宣传教育，首先是宣传一种宪法理念，结合我国首个国家宪法日的设立，宣传一种敬畏宪法、宪法至上的法治理念。我们要用一种崇高的宪法理念充实当代大学生的头脑，抵御腐朽堕落思想的侵蚀，筑牢依宪治国的思想理念根基。理念对于一个人的行动是一种先导，是一种动力，理念先行，理念稳定，大学生只有形成内化于自觉的法治理念，才能笃信法治、践行法治。社会主义法治理念的主要内容包含依法治国、执法为民、公平正义、服务大局、党的领导五个方面。党的领导是社会主义法治的根本，青年大学生需要正确认识党的领导与社会主义法治理念的关系问题，要把追求公平正义作为自己的使

命和责任，树立正气，胸怀大局，以人（民）为本，在实践社会主义法治理念的过程中，学会用法律武装头脑，善于运用法律维护自身合法权益，做依法治国根本方略的践行者。大学生只有形成一种崇高的宪法理念，才能去自觉践行依宪治国的伟大方略。对宪法敬畏，发挥宪法的统帅和核心作用，才能真正把宪法放到金字塔的顶端，才能真正在社会实践中落实好宪法的最高法律效力，依宪治国、依宪执政才能真正落到实处，依法治国才不会流于形式。不论是行使国家公权力，还是保障公民私权利，都要树立敬畏宪法、宪法至上的法治理念，用宪法约束一切公权力主体和保障基本权利主体，才能让新时代的大学生感受到宪法的权威和效力，使面向新时代大学生推进的法治宣传教育产生实效。

（五）传授法治规范

依宪治国视域下大学生法治宣传教育，要传授一种行为规范——是人们的日常行为规范，要明确遵守规范、尊重规则的重要性。在大学生中积极推进法治宣传教育还要传授一种规范意识，只有具备规则意识才能生成规范行为，良好的规范行为不仅仅是对自己的约束，其实更是一种法治保障。缺少了这种法治保障的规范行为，不仅仅是对他人和社会的不利，其实更重要的是对自己不利。因为事物总是一分为二的，对社会规范的破坏，必定会反作用于实施违反规则行为的个人身上来。所以，不遵守规则，就是鼓励他人也去破坏规则，他人破坏规则，就必然损害到社会、损害到我们每一个人自身的利益。社会需要秩序，生活需要规范，建设法治国家、构建法治社会，明确意识到规范和秩序是不可或缺的。缺少了规范和秩序，法治社会是无法想象的。人们的安定和谐生活需要规范和秩序，只有人人遵守规范、尊重规则，社会秩序才能稳定，法治社会才能形成。如果一个国家的公民都能遵守规范、尊重规则，人们的行为就会成为自觉，法治规范人们的行为就会成为一种常态，整个国家的文明程度就被极大地提高，每一个公民都将是这种良好社会有序状态的最终受益者。反之，人人不遵守规范、不尊重规则的社会状态必将是混乱无序的，每一个公民也都将是最大的受害者。法治国家、法治社会是建立在规则和秩序之上的，依宪治国的落实需要面向新时代的大学生，宣传这种对规范的遵守和对规则的尊重，意义重大，要求落实在每一个公民的具体行为上。青年大学生作为学历、知识层次较高的群体，应当自觉养成对规范的遵守和对规则的尊重，做遵守法治规范的楷模和榜样。

(六)倡导法治思维

依宪治国视域下在大学生中积极推进法治宣传教育，还要宣传倡导一种思维方式，并且是宣传倡导一种理性思维方式。法律作为一种社会治理方式是遵循人类理性判断做出的选择，因此，依宪治国本身就是一种理性思维方式的体现，是国家理性、宪法思维的体现。依宪治国的贯彻落实，是与人治思维相背道而驰的，排斥行政思维，崇尚法治思维，坚持宪法至上。因此，当代大学生法治宣传教育，要注意培养他们的理性思维、努力培养大学生法治思维方式，是依宪治国这一伟大治国方略的内在要求和坚实基础；培养他们崇尚法治思维，不至于过早养成行政思维方式或者其他别的非法治思维方式，高校去行政化的步伐有些艰难，但毕竟是在进步，大学生更应当首先去行政化思维，不易过早过多沾染行政化的思维模式。当代大学生是一支非常重要、非常富有影响力的社会群体，他们有着活跃的思维和旺盛的需求，还有勇敢的心灵和积极的行动，在大学生的培养教育中，广泛进行法治宣传教育，注意培养他们的法治思维、理性思维，正是对党和国家依宪治国方略的具体实施。

(七)塑造法治信仰

依宪治国视域下在大学生中积极推进法治宣传教育，更要宣传一种信仰，一种法律至上的法治信仰。人是需要信仰的，俗话说没有信仰的人是最可怕的。意思是指，没有信仰的人是无法无天、毫无禁忌的，也是最难以约束的，对社会的破坏性也是最大的。因此，面向大学生进行法治宣传教育更应该宣传一种法治信仰，社会主义法治信仰是科学的马克思主义信仰，更容易抵御其他形形色色的非马克思主义信仰的干扰和破坏。大学生正处于青春期，思想和身体都在不断成长，一旦宪法至上、法律至上的法治信仰形成，将是受益终生的，具有较强的持续性和坚定性，落实到大学生的实际行动上，也就会形成一种自觉而不是自发的行动，会自觉用宪法监督国家的公权力、用违宪审查制和纠正公权力对私权利的不当限制，从而保障公民的基本权利。会自觉运用法治思维、践行社会主义法治理念，法治社会、依法治国、依宪治国也将是事半功倍、成为现实的存在的①。

（八）依法治国视域下加强大学生法治宣传教育的路径优化

党的十八届四中全会将依宪治国提到了一个新的战略高度，新时期加强大学生法治宣传教育成为实施依宪治国方略的基础性工作。法治教育在当前大学生教育中得到普遍重视，这与当代应用型高等教育改革的基本定位密切相关，法治教育要培养当代大学生的法治意识，形成法治认同，做到学以致用。当前，通过思想道德修养与法律基础课进行大学生法治宣传教育的主渠道不能动摇，还可以考虑从大学课堂、维权体验、家庭生活与社会生活多方面形成新时期加强大学生法治宣传教育的合力。

通过学校课堂启蒙大学生法治思维，法治思维的启蒙需要一定的法律知识素养，因此，当代大学生要在大学的课堂上汲取法学知识的营养，逐渐积淀起法律涵养，逐步学会运用法律，形成一定的法治思维。作为思想道德修养与法律基础课的老师，应当尽可能启用法学专业教师，因为专业的法学师资才能做到法律知识的综合运用和融会贯通，要想给学生一杯水，教师必须拥有一桶水，甚至一池水即是此意。综合性大学在这方面的法学专业师资配备应当不是问题，高职高专类学校不是那么理想，甚至是极其缺乏法学专业师资讲授思想道德修养与法律基础课，因此，在不少高职高专类学校，思想道德修养与法律基础课很多情况下只是思想道德修养课而不是法律基础课。教学改革实验的事实证明，法学专业教师讲授法律基础部分，能够给大学生充分的法律知识和法治熏陶，不少非法律专业的学生因此而走上了法律道路，立志从事法律职业，法律基础课对学生的影响甚至是人生道路的抉择起着关键作用，这种对大学生的法治思维的启蒙是相当成功的。

参与法律实践提高大学生法治素养。参与法律实践是对大学生最好的法治宣

---

① 　沈壮海.《文化软实力及其价值之轴》，中国出版集团、中华书局出版，2013.

传教育，解决大学生个人的实际法律问题是提高大学生自身法治素养、形成内心确信的最直接有效途径。法庭庭审的旁听、社会实践调研、法律实务报告的撰写等都是行之有效的法律实践形式。因为无论多么活泼生动的法治宣传教育，最终都只能通过法治实践来不断强化和巩固，唯有在实践当中才能不断增强和塑造大学生的法治信念，否则就只能是纸上谈兵。参与旁听法庭的审理过程，使学生真切地感受法庭的严肃、庄重氛围，体会那种让人一进入法庭就不由自主地产生对法律的敬畏、敬仰之情，聆听一次法庭的庭审过程，心灵就会受到一次强烈的震撼，这种法律教育的影响力是课堂教育所永远无法比拟的。全社会良好的法治氛围和法治实践是强化大学生法治宣传教育效果的根本基石，从大学课堂学到的法律知识，从个人维权体验中形成的法治信念，最终都要到广阔的法治实践当中不断去付诸实施。

如果说思想道德修养与法律基础课对一些大学生的启蒙完全有可能是一生的影响的话，相当一部分学生可能并不会走上法律职业道路，但无论如何，在有了一定的法治思维的启蒙之后，法治信念的培养、法治素养的提高对所有大学生来说，这是新时期加强大学生法治宣传教育的重要任务，也是落实依宪治国伟大方略的具体措施。社会成员包括大学生法治信念的培养绝不是靠简单说教就能达成的，培养法治信念需要引导广大的大学生参与到依法、依宪维权的实际行动中来，不论是在学校还是在社会，都要善于引导大学生学会用宪法和法律来维护个人正当权益，让大学生在依法、依宪维权的实际行动中，亲身感受到宪法和法律的正义和公平，进而相信宪法和法律，逐步打造个人的坚实法治信念。相反，如果遇到一点不公平的待遇或者心里不平衡，就仇视社会甚至采取一些极端手段来解决问题，那是绝无法治信念可言的。发生在2003年浙江的周一超案就是典型的毫无法治信念的事例。

借助学生活动普及大学生法治教育。采取大众化、通俗化、丰富多样的学生活动作为法治宣传教育的载体，可以让青年学生喜闻乐见、容易接受。除了传统的学生活动形式之外，在今天的自媒体时代，也要更加注重微信、微博等深受学生喜爱的网络媒体上的活动。在微信微博等非常具有影响力的自媒体载体上，登载卡通形象进行广泛的法治宣传教育，会收到意想不到的法治教育效果。现在自媒体时代，大学生获得信息知识的渠道更倾向于微信微博网络平台，而且达到了一种全天候的状态，似乎离开了手机就没有正常的学习生活，给传统的青年学生教育活动带来了不小的冲击。例如很多法律的修正案发布，尤其是那些对普通民众生活产生巨大实际影响的部门法修正，很多学生恰恰是通过微信朋友圈转发的帖子记住和掌握的，当然这里面不乏以讹传讹的现象，甚至是错误的理解和传播。特别是《中华人民共和国刑法修正案（九）》中规定的代替考试罪、组织考试作弊罪、故意传播虚假信息罪等对青年学生的教育和震动是比较大的，这些涉及日常行为纳入刑事法律严惩的法律修正知识，青年学生主要还是通过微信、微博等自媒体平台获悉的，因此，非常有必要线上线下同步开展各类学生活动，比如在生效实施的时间前后，持续开展新生效法律知识辅导、竞赛、读书会，板报宣传或者学术沙龙释疑解惑、网上互动等，强化和扶正自媒体平台对青年学生产生的法治具体影响，巩固良好的法治宣传教育效果，筑好法治规范和法治保障这条防线。

凭借家庭、生活学校合力取得对大学生法治宣传教育的最优化结果。通过思想道德修养与法律基础课进行大学生法治宣传教育的主渠道不能动摇，但亟须优化加强，可以从大学课堂、维权体验、家庭生活与社会生活多方面形成新时期加强大学生法治宣传教育的合力，单纯依靠家庭教育、生活体验或者学校教育某一层面来进行大学生法制宣传教育会事倍功半。良好的家庭环境潜移默化地熏陶锻造了青年大学生的法治品格；家庭中会遇到各种法律问题，而法治宣传教育的效果又会源源不断地输送回家庭生活中得到践行。家庭对青年学生的影响是更加基础性的，甚至是更加根本性的，家庭生活对于一个人成长的影响也是长期的和全面的，很多孩子的教育出了问题往往就在于家庭的影响。一个充满书香的家庭生活，孩子受到潜移默化的影响和熏陶，很容易养成爱看书的习惯和爱好，并且能够养成较好的性格和学习能力；相反一个充满暴力和嗜赌成性的家庭环境，孩子养成暴力和偏执性格的概率也是极高的。这两种性格的孩子在后来的成长道路上会逐渐显示出巨大的差距，在大学里面甚至会形成两种截然相反的性格倾向，甚至走上性格迥异的发展道路，这样的例子在现实社会生活中已绝非鲜见。在社会形成巨大影响的就有陕西药家鑫、上海林森浩、云南马加爵等恶性案件，这样的案例触目惊心，令人掩卷深思。

二、激发情感动力

情感是人们对待外界事物在心理上的一种主观性体验，情感决定人们的态度趋向。大学生对待法治的态度首先取决于他们对待法治的情感，法治情感是法治认同的前提和充分条件，也是大学生法治认同的动力之源。

(一)培养对法治的信任感

大学生对待法治的情感首先应当是信任感，明确的制度和严格的公信力才能给人们可靠的预期和信赖。当然这种明确的制度是建立在良法之上的，良法是一种最基本的要求，充满着专制和独裁的法治是无法达到良法境界的。坚持民主立法、规范程序、尊重民意、阳光透明才能有效防止恶法，也只有这样形成的良法法治才能值得民众信赖。认真倾听社会民众每一个成员的意见和建议，不歧视每一个成员，包括在校普通大学生都能有效积极参与社会立法，让每一个社会成员包括在校普通大学生都能感受到全社会和立法机关确实做到了——只要是公民正当的意见就都能得到立法机关的平等重视，这样才能有效培养民众包括大学生在内的对待法治的亲切与信任。

情感是对人最好的教育，培养大学生对法治的信任之情感，就是对大学生最行之有效的规范与教育。实事求是地讲，传统上人们对待法治首先想到的是法的严厉、惩罚，甚至是严酷，就是今天仍然有相当多的人对法还抱有这种心理。传统上那种对待法治的不正确心理是不可能孕育出对待法治的亲近感的。今天我们讲法治，应当改变这种理念，法治对于个人的价值在于保障人权、保障自由，法治对于国家和社会的价值在于保障民主、保障秩序，只有认识到法治的真正价值，才能培养出对待法治的亲近感。现实生活中，当人们遇到各种法律纠纷的时候，当人们的权利受到不法侵害的时候，是找熟人、相信权力和关系，还是相信法律，用法治手段维护正当权益，这是法治社会建设好坏的最直接衡量标准。一个真正的法治社会，人们会把法律作为权威，遇事首先想到法律，在工作和生活中善于运用法治方式，这是民众对法治的信任，也是我们建设法治社会、法治中国的题中应有之义，也是对大学生进行法治宣传教育的目标要求。对待法治有信任感，才可能真正接纳法治、认可法治，内心的真正接纳和认可源于最基本的法治信任。如果仅仅出于符合社会发展就口口声声说喜欢法治，其实对法治缺乏起码的信任感，那将是新时代的叶公好龙，贻笑大方。信任法治本来是一个对待法治的主观性的内心情感体验，当然更来自现实社会的法治实践，如果大学生看到的、听到的全是法治的传统面貌和负面事件，那么绝对是培养不出对待法治的信任感的；大学生对待法治的主观性内心情感体验是深切受到现实的法治实践影响的，当人们为法治所鼓舞，受法治所保障，为正义所支持，有着法治正义的自身体验时，大学生对法治的信任感才会有生动的诠释。总体来看，当代大学生对待法治的认可是主流，存在的一些诸如怀疑、半信半疑、有所顾忌等都是极少数的大学生群体，但我们应该致力于所有大学生都能形成有效的法治认同，要让大学生们看得见法治的正义价值。这里借用北京大学陈瑞华教授的著作《看得见的正义》一书的书名中"看得见"一词，陈瑞华教授是从程序正义视角，强调程序公开、程序阳光、程序可视，是对程序正义的最有魅力的概括，只有这样才能真正吸引民众，这是法治成为共识之后的对法治从程序视角的深刻解读。但这里笔者所用的"看得见"一词不仅是指程序正义，也包含实体正义，"看得见"意思是指让大学生能亲身体验到、亲自感受到法治的正义，不仅是看到还要体会到，才能真正激发大学生对法治认同的内在情感动力。总之，看得见来自社会法治实践的正义价值，由此法治认同产生的是一种对法治的信赖、亲近感情，愿意遵守法治、服从法治、信任法治，通过法治可以预期未来确定的利益保护和确定的行为结果，从而产生一种安定祥和的幸福心态。

（二）培养对法治的敬畏感

大学生对待法治的情感其次应当是敬畏感，法治应当是严格的，更是公正无私的，中国传统文化的精髓早已经浸透进每一个公民的身心之中，那就是刚正不阿的法与法治是受人敬仰与爱戴的，同样也会让违法冒犯之徒产生无限的畏惧之感，这两种情形是相辅相成的，敬与畏是可以统一的。大学生对待法治的敬畏感是建立在对待法治的信任感的基础之上的，试想如果连最基本的信任感都没有的话，是无论如何都不可能产生对法治的敬畏感的，没有了信任也就意味着无足轻重，更谈不上对法治的敬重和畏惧之情。

人应当有所敬畏，当代大学生思想政治教育也应当培养他们对待法治的敬畏之感。人们常说，一个人如果无所敬畏，将是极其可怕的，无所敬畏意味着就是没有什么底线的人；无知者无所畏惧，没有什么畏惧就会为所欲为，全然没有任何规则思维和章法意识。没有底线、为所欲为，很明显，这是法治社会的对立面，与法治是水火不兼容的。大学生形成对法治的敬畏感，才能让大学生三思而后行，足够的敬畏，就有足够的执行力和足够的规范力，而执行力和规范力是建立在法治认同基础之上的。当然这里的敬畏是一种由敬而生的畏，敬是前提、畏是延伸，只有这样才可能生成高度认同；相反，如果只是畏没有敬，这种畏将是一种严酷的畏，畏到一定程度，达到一种极限就会崩溃，这样的畏没有容量和弹性，是刚性的恫吓之畏，即使有一时顺从也不是发自内心的心悦诚服的认同感。从某种意义上讲，人与社会是具有同质性的，对一个人来说，如果大家只是对他感受到一种简单的畏惧而没有什么值得敬重之处，那么大家即使对他有服从也只是一种诚不得已而为之的服从，并不是出于一种真正的感情。起初，人们或许会想办法避而远之，无法避之也会选择暂时的隐忍，隐忍不能时就会爆发出来，有一种辞职其实就是一种简单恫吓之下着实无法隐忍的爆发。同样，一个社会如果缺乏必要的民主张力，一味高压政策以使民众顺从，那样也不能长久，一时的顺服也是威吓的结果，威吓至极时也是威吓失去效力和影响之时，达到崩溃之际，社会将承受严重失序的混乱结果。大学生的法治认同需要的法治情感是一种有敬而生的畏，前提是敬，存在值得敬的内涵，敬使得畏才具有了弹性和限度，这种法治情感下的认同才是发自内心的认同，具有持续性和相当大的张力与限度。当代大学生法治认同体现为对规则的尊重和敬畏，法治为社会和社会主体确定了一种规则，法治认同推崇法治至上，法治认同体现为公民对规则的尊重和敬畏，遵守规则就是守法，守法是法治的最低要求。对规则的尊重和敬畏还意味着公民不盲目崇拜个人力量，不迷信个人权威，个人永远服从于法治规则，不论是主张公民权利还是控告违法犯罪，总是体现为依据权限、服从规则、遵照程序来处理，公民不必担心有什么规则外因素的影响。法治认同比规则本身更为隐性、更为重要，规则只是法治的物质基础和物质前提；情感动力支持下的法治认同才是建立在规则基础之上的法治的精神要件和思想内涵，精神要件和思想内涵是法治的灵魂。总之，推进当代大学生的法治认同，我们要进一步激发大学生对法治的丰富情感，在规则和制度的规范之下，公民、社会、国家都各得其安，大到政治事件、小到生活事情，大家都充分尊重和敬畏规则，不逾越雷池，这正是法治社会的理想状态。

三、内化价值引领

法治本身包含多种价值因素，法治是多元价值相融的结果。法治认同与价值因素密切相关，价值成为法治的内隐因素，正是法治价值的内在引领，使得法治才有了活的灵魂和精神。

(一)法治建设的重大政治价值

法治中国建设将会给中国带来巨大的社会变化，激起民众的积极进取和科学创造的精神，并最终会促进人们的价值观念发生转变[1]，甚至会成为一种社会新常态发展，在当今的社会意识形态领域也将产生重要的变化。法治中国建设的重大政治价值，首先在于把中国特色社会主义与现代法治有机联系在一起，进一步深化了对社会主义本质的新认识。法治成为现代社会治理的一种首选，提高国家治理能力和治理体系的现代化水平，必须依赖当代社会主义法治建设，法治建设成为国家治理能力与治理体系现代化的主要标志之一。同时，能否真正坚持与发展中国特色社会主义，关键在于社会主义法治建设的成败。中国特色社会主义和

① 卢建军.《法治认同生成的理论逻辑》，法律出版社，2014.

社会主义法治建设都首先要求坚持中国共产党的领导，这两者是一脉相通的，党的领导成为两者的坚强保障，法治建设也必须坚持走中国特色社会主义道路，是中国特色社会主义道路和体系的一个重要组成部分。当前，我们坚持依法治国，进行法治中国建设，正是为了继续坚持走中国特色社会主义道路，把党的领导与依法治国、依宪执政相统一，充分运用宪法和法治增强其法理型权威，增强党执政创新的积极活力和持久动力，从而为中国特色社会主义开辟新的前进道路。法治是现代国家的基本特征，法治已然成为当今世界现代国家治理的坚定选择。

当前，中国共产党坚持依法治国也是对世界的一种郑重宣告。尤其是世界范围内并非所有的国家搞法治建设都是成功的，一些国家简单模仿和效法西方法治和民主建设所带来的政局动荡、经济衰退已经证明了这一点。西方国家一直以来对我国进行和平演变和各种渗透，打着人权和法治的大旗大肆攻击我们的社会主义社会制度。现在，我们不但要搞法治，而且已经把依法治国上升为治国基本方略，这种政治意义尤其重大，是对西方国家和平演变的坚决有力回击，是对我们中国发展道路和中国法治制度的充分自信。作为接受高等教育和新技术洗礼的当代大学生，这种政治意识尤为重要，要充分认识到当代法治建设的重大政治意义和政治价值，提高对坚持依法治国基本方略践行的自觉性、敏感性，提高对法治中国建设自信心和坚定性，使其成为当代大学生成长的内在指引和政治旗帜。

因此，当代大学生要与时俱进，全面认识和学习领会法治方略，正如党的十八届四中全会公报指出的：全面深化改革、完善和发展中国特色社会主义制度，提高党的执政能力和执政水平，必须全面推进依法治国。依法治国成为中国特色社会主义道路的前进方向和必然道路，从而在新的社会历史条件下深化对中国特色社会主义的本质认识。

（二）法治的内在理性精神价值

古希腊自然法观念强调自然法就是理性法，它是法律和正义的基础。上述理性法则是对当代法治的最好阐释，理性是法治的一项重要价值理念。现代社会物质极大丰富，生产极度膨胀，带给了人们极大的思想震撼和观念冲击，甚至是一种心灵和理性的扭曲，为了追求一时的快速发展，不惜以破坏环境为代价，蓝天白云繁星点点成为一种奢求，于是便有了"APEC 蓝""阅兵蓝"。因此，法治社会建设尤其应当注意将法治本身所蕴含的理性价值内化为对人们的一种社会引领，充分挖掘理性价值的社会现实功用。相比较而言，一谈起法治，人们都能想到公正、公平、正义、平等几项法治的价值，几乎是如数家珍、妇孺皆知，大家都能够说出法治追求的公平和正义，但法治的理性价值却可能为大部分人所忽略，甚至即使是意识到了也不能够阐述清楚。理性是法治的重要内在价值，法治不能仅仅依靠外在强制力来贯彻实施，理性支配着民众的精神和意识，使得民众有了高度自觉性，应该说，维护契约、遵守契约、传承契约精神的关键性因素就是理性，唯有理性才能真正支撑起契约精神的大厦。在大学生中积极推进法治宣传教育，重在唤起大学生的法治理性和法治意识，进而激发大学生对法治的高度认同。没有法治的理性精神，就没有遵守和服从法治的自觉性，当然就不可能认同法的至高无上的地位和唯一社会权威身份，这种理性精神是对法治内在价值的重要实现，是一种需要融进传统文化血液中的法治文化基因，是法治中国建设的根本基础和极为重要的心理准则。

不论是法治的当代重要政治价值还是法治的理性精神价值，都是处在内在的意识形态层面，对大学生进行法治宣传教育，要特别注重这种内在的价值引领，塑造全新的理性价值认同，充分发挥大学生的主观能动性，这是当代大学生法治认同生成的内在基本路径之一，对当代中国法治建设具有极为重要的促进作用和正能量影响。

第二节　培育意识

公民意识是当代法治中国建设的心理基础和理念形态，是一种主观性文化建设的体现，是国家和社会文化软实力提升的重要内涵。在一定程度上，公民意识制约法治社会建设的进程和发展水平，毕竟意识的东西决定着公民个体的行为趋向。因此，正如俞睿和皋艳在《公民意识：中国政治现代化的驱动力》一书中指出的：公民意识是与民主政治和市场经济相适应的，以平等、自由为轴心的正义价值追求和理性自律精神。

一、培育公民权利意识

从公民意识的内涵角度讲，具体到大学生法治教育层面，就是要使我们的大学生具有与当代法治社会建设相匹配的权利意识、责任意识、关爱意识和主体意识。权利意识是法治社会最基本的构成要素，是公民意识的本质。如果社会民众向往的是权力，那么，享有权力意味着对他人、对社会、对资源的支配性，是一种不对等的强制力，而法治社会民众向往的就应该是权利，享有权利意味着民众享有某种合法利益的可能性，而且法治社会中，权力来源于权利的授权，权利是法不禁止就可为，是充分享有自由的保障。这也意味着权利是可以也应该能够制约权力的，权力是受到法律严格约束和限制的，只有受到法律严格程序行使的权力才是法治社会的权力，权力行使是为了使公民更好地享有权利。权力只是手段，权利才是目的。权力培养的是顺民和臣民，而权利培养的才是公民和法治，因此，权利意识是培养公民性格的基本元素。

在学校教育中，要强化公民有责任通过社会组织参与社会服务的意识。参与社会管理和社会服务既是当代大学生的权利，又是当代大学生的责任，实现基本途径是通过社会组织作为媒介道路，逐步承担起壮大社会组织、培育公民意识的重要责任。大学是社会系统的重要组成部分，大学可以在当今人民社会培育中充当风向标、起到积极引领和导向作用，具体而言，在教学方法上，教师要引导学生关注自己的生活空间，在班级管理、团队活动、主题班会中培养学生的责任意识和协作精神；教师还要引导学生走入社区，开展公益活动，关心社区事务。司法社工就是人民社会理念的最集中展现，大学生利用法律和社会工作的多学科专业知识，成为司法专业人员与社会人员之间的桥梁纽带，是一种柔性社会力量。从专业优势视角能够最大限度关怀服务对象，化解社会上潜在的对抗和矛盾，增强社会凝聚力和向心力。

二、培育公民责任意识

责任意识是法治中国建设中关乎制度执行力的根本问题，很难想象，一个不负责任的社会会成为法治社会。大学生要具有对社会、对国家、对单位、对家庭、对他人、对自己负起应有的义务和担当意识，只有具备担当意识，才能谈得上尊重法治、顺应自然、服从理性；同时还要培养全局意识，只有具备大局意识才不会以自我为中心，忽略他人、忽略社会、忽略自然。今天的司法改革，法官要对案件终身追责就是在培养法官的责任意识，而且是要终身负责，要勇于担当和尽职。一个没有责任意识的大学生，其行为肯定是非常随意的，甚至是放荡不羁的，这样的社会也是没有希望的社会，与法治社会也是根本不相容的。大学生应当培养基本的责任担当意识，只有具备法治建设所需要的这种责任担当意识，他们才能有所追求、富于进取，因为他们会有一种使命在身、责任在肩的崇高精神；也只有培养大学生的这种责任担当意识，他们才能尊重理性、遵守法治，才能依照法治精神和法律制度不折不扣地贯彻执行下去，一以贯之地尽职尽责，做一个真正的法治社会的建设者和捍卫者。

从公民责任意识的主体角度讲，公民责任意识可以从两个角度具体探讨，一是执法者的公民责任意识，二是民众的公民责任意识。执法者和民众都需要培养公民责任意识，这种价值追求和理性自律的法治意识对于二者都是必不可少的，在某种程度上讲，执法者更是关键，如果执法者缺乏这种精神意识，对法治建设的破坏将是致命性的。毕竟，执法者的公民责任意识培养对于今天的法治中国建设具有一种积极的引领和带动作用。相对比而言，民众的公民责任法治意识对法治中国建设也会产生重要的影响和促进作用，在法治中国建设中，民众主动参与到法治建设中来。毕竟，民众和政府都是法治建设的受益者，而且是直接受益者，从这个意义上看，在当今的法治中国建设进程中，民众将是一种积极性的主体角色，而且对于执法者的不当行为是一种有力掣肘，对于培育执法者的公民责任意识也将是一种监督和促进，这也正是"把权力关进制度的笼子里"的具体体现和实际运用。因此，培育当代大学生的公民责任意识尤为迫切和重要。

三、培育公民关爱意识

关爱意识历来是道德建设的重要内容，法治本质上就是对公民的关怀和保护，公民应该培养人与人之间的这种相互关照和呵护精神，对他人、对社会的冷漠绝不是法治的精神。当然对他人的漠视也未必全是因为没有关爱之心，外在的法治环境和社会人文环境使得做好事有可能使当事人付出高昂的经济成本和名誉代价，这样的司法影响是致命性的。一位外事部门的人员在对一批到境外某大学进行交流访学的学生进行送行谈话时，曾经这样说道："大家到了境外某大学要注意充分展示我们学校学子良好的精神面貌和综合素养，不要有什么顾虑，该去关爱帮扶有困难的人就要勇于伸出援助之手，不要表现得没有关爱之心，他们那里法治健全，不会有什么讹诈之说，人与人之间是互相关爱，社会是比较文明有序的。"从这番谈话我们也可以体会到，法治健全可以深深地影响公民的个体意识和社会氛围，进而对人们的行为产生极大的影响，并影响着民众对当代社会的法治认同。法本来就是善良的，法治是要弘扬正气、传播正能量的，只有这样的法治才能得到民众的普遍认可和自觉遵守。社会最低保障制度其实蕴含着深沉的社会关爱之法治精神，也是法治社会公民关爱意识的具体实现。"如果是见义勇为做好事，更符合实际的做法应是抓住撞倒原告的人，而不是仅仅好心相扶。"——这种出现在南京市某区人民法院判决之中的用语，着实给全社会的人们上了一堂对五千年传统道德极具杀伤力和破坏力的法治课，它助长的是人与人之间的冷漠，传播的是负能量，以至于在全社会掀起了对老人摔倒扶不扶的热议。这种现象与当前法治建设极不相符，凸显了法治建设没有将主流价值观和正确的价值观很好地融入其中，导致法治建设的重大缺失，这是一种法治人性关怀的缺失，缺乏最基本的人性关爱意识。

今天，伴随着市场经济的成熟发展，以及政治制度的发展和革新的需求，更重要的是法治中国建设的历史进程使得人民社会构建成为一个显性问题。当下法治中国的改革和市场经济的高度发展也是历史的必然，十九大以来，中国政府一直推行各种简政放权的改革措施，李克强总理亲自见证了天津市政府封存近两百枚象征政府公权力的公章，还政于民、还权于社会，让政府承担其应有的职能，努力做到政府严格遵循法律授权，法律授权之外的行为不可为。只有严格约束限制了政府公权力，当今法治中国建设对公民的人性关怀才能最终真正形成和实现。在人民社会领域，私权利遵循着法律不禁止即可为的基本原则，尽可能多地给私权利自由行使空间、面向公民释放更多的人性关怀。除了简政放权之外，政府又提出了群团组织、行业协会与政府机关部门相脱离的具体政策。使之回归行业协会的本来自治属性，使政府机关实现瘦身并使政府机关和群团组织、行业协会回归各自本来的职能定位。党的十八大以来，所有这些大政方针和具体政策的实施，使得人民社会得以重现和强化，法治社会、法治政府成为一种现实，人民社会成为当前依法治国、建设法治社会的重要社会基础。社会层面是与国家层面相对而言的，人民社会的建构是对传统政治制度中家、国合一政治强权基因的削弱，是对公民个体权利和社会性权利保护和关怀的一种强化和凸显。中世纪晚期，关于法前平等与依法而治的朴素想法已经显现，表明人民社会希望通过塑造国家来保障权利。人民社会与国家层面应该有一个很好的界限，两者不能混淆，在相当长时间里，由于计划经济和社会主义制度属性的认识局限，人民社会极度不发达，呈现与国家政治层面明显不相对称的缺失局面。在推进法治国家建设进程中，建立健全法律制度体系、培育公民关爱意识尤为重要，这是法治健康发展的重要基础。

四、培育公民主体意识

所谓公民主体意识是对国家与公民之间基本关系的正确认识，即公民作为与国家相对应的基本概念，应该具有的和被充分肯定的法律人格和尊严。大学生具有这种公民主体意识非常重要，青年是国家的未来和希望，法治中国建设需要受过高等教育的大学生积极参与进来，并能引领法治中国建设的潮流。大学生是最富有朝气和活力的，也是最渴望被国家和社会充分肯定的群体，他们具有健全的法治人格才能形成现代法治社会所需要的公民主体意识，他们只有养成了法治中国建设所必需的公民主体意识，才能够形成法治社会所需要的规范行为，也才能够使我们今天的法治中国建设具有了最可靠、最持续性的推动力量和主导力量①。

大学生在当代法治社会建构的历史进程中应当树立公民主体意识和发挥生力军作用，充分运用专业理论知识，在开展社会实践教学中，依托社会化服务机构积极实践各类行业化社会活动，深入开展直接面向社区居民的社会化服务。党的十八大以来，中央专门召开了党的群团组织工作会议，为法治社会专业化社会服务的培育建构奠定了坚实的政策基础和行业架构层面的高端引领，在全社会打造了正确的价值理念、制度机制和舆论氛围，形成了以党和政府为主导的、自上而下和自下而上相互结合的良性互动机制，在专业化社会服务建构中产生了重要的基础性促进和带动作用。所谓自上而下是指中央主导，层层推进，这种模式在法治中国建设中是与依法治国方略推进主导模式相吻合的；所谓自下而上是指专业化社会服务的建构中，基层社区发挥着至关重要的基础性作用，所有的制度理念最终都要在社区居民中生根发芽，唯有从社区街道中具体实践落实党的群团工作会议精神，践行公民主体意识和社会服务理念，才是最有生命力、最有活力与创造力的社会实践。没有公民主体意识、没有社会服务理念中所蕴含的契约、权利、平等、自由等市场化、公民性的价值诉求，现代法治精神根本不可能内化为全体社会成员一体遵行的行为规范与价值尺度。大学生应该是公民主体意识和社会服务理念的积极践行者，可以建立社会性非营利机构或者服务中心，也可以在社区居委会中开展常年实践性专业教学，依托街道社区，面向社区居民开展居家养老、亲情陪护、日间照料、留守儿童关爱、法律援助等，以上诸种都是现代人民社会行业化服务的具体展现。大学生要从自身与服务对象的实际对接中，将现代公民主体意识和社会服务理念传输给全社会，充当政府与社会的缓冲器和链接器，从服务社会的角度践行法治中国建设的制度和理念。

---

① 刘哲昕.《法治才是硬道理——从法治思维到命运共同体》，法律出版社，2015.

第三节 养成法治思维

大学生法治认同的重要基础在于大学生法治思维的养成，法治思维是一种精神层面的范畴，是内在的心理活动过程和具体方式。按照心理学的界定，思维决定行为，行为是人的内在思维和观念意识的一种具体外化。法治宣传教育是大学生法治认同生成的外在物质条件，法治权威塑造是大学生法治认同生成的精神物化结果和外在物质表征，而法治思维是当代大学生法治认同生成的内在心理基础，这些构成了当代大学生法治认同的重要基础，也是推进当代大学生法治认同的具体路径。

一、法治思维的逻辑解构

把法律当成逻辑是法治对思维方式的基本要求，法治思维是一种专业化的思维模式，是法律人的独特思维方式。法律专业新生在刚刚接触法律知识的过程中，我们总要讲：要养成法治思维，要学会用法治思维来学习法律知识。而法律专业学生在养成法治思维的过程中总要经历一个并不算太短的转化历程，有的甚至很长一段时间还是摸不着边际。但这只是一种潜移默化的过程，需要掌握一定的法律知识，并逐渐内化于心。一般来讲，针对社会事件，法律人根据自己的法律知识素养，运用一定的法律方法和法律技能，遵循一定的专业思维模式，寻求依靠法律分析和解次当前社会问题的心理过程。根据法治思维的逻辑运行过程，我们将法治思维解构为三大构成要素，即知识要素、技能要素、模式要素。

（一）知识要素

法律知识是法治思维的前提基础，我们经常说，大学生接受法治教育，要有法治这根弦，不能做 21 世纪的大学生中的法盲。高等教育中所有专业都得开设思想道德修养与法律基础课程、接受法治教育，目的就是让大学生具备一定的法律知识素养。掌握系统的法律专业知识是成为法律人的必备基础，法律人进行法治思维就是建立在法律专业知识基础之上的精神历程。

法律知识是法治思维的静态要素。法律知识既包括像法律概念、法律规范、法律原则等理论知识，也包括诸如遵循程序、价值衡量、追求公平等特殊职业理念。法律概念、法律规范、法律原则等是法律基本知识的长期、高度凝练的结果，提供的是一种法律规则，规则使人得以因循。法治思维的典型表现就是遵循法律规则。每当社会有重大事件发生，公民首先想到的是法律如何规制，要寻找到相应的法律规范依据，获悉法律是如何规定的，法律是如何解决社会问题，这其实是浅层次的法律知识要素。深层次的法律知识要素是一种更为内隐的、稳定的法律职业操守和职业理念，例如刑法修正案八关于逃税罪之初犯免责的规定在具体适用中遇到类似问题，特别是在司法场域中一些法律人的理念就足以说明坚守法治思维的意义。有人认为如果按照刑法修正案八新的规定，初次逃税之人在补缴税款、接受税务行政机关的处罚、缴纳滞纳金之后就可以免予刑事处罚，岂不是放纵犯罪、存在以钱赎罪的可能，而且就连部分司法实务人员也坚持认为公安、检察人员大量的司法资源岂不是白白浪费？换个角度，法治思维要求什么，要求坚守罪刑法定，哪怕是事实存在一定程度上的司法资源的浪费，比起司法的文明进步、坚持法治思维、追求法治来说又算得了什么呢？这种内隐的法律职业操守和职业理念正是法治思维的坚实基础，真正起着形塑和建构的作用。缺乏系统的专业法律理论知识，法治思维无从谈起；缺乏内隐的、稳定的法律职业操守和职业理念，法治思维同样无法真正建构起来。

（二）技能要素

法治方式是一种需要小心谨慎、精细论证的思维方式，就事论事、讲究程序、按部就班，法治思维是一种动态的思维过程，法律专业知识和职业操守理念只是法治思维的基础材料，如何运用这些系统的专业法律知识和职业操守理念解决社会法律问题则是法治思维的一种技能要素，需要法律人的主观能动性、积极性，这也正是法律案例可能是相似的，甚至面对相同的案子，不同的法律人解决办法却是千差万别的，法律规范并不会提供给我们标准答案。由于法律规范多是过去经验的总结，尽管立法也具有一定的前瞻性，但是法律规范与社会生活明显存在不一致性，导致当我们面临社会生活的丰富多彩的现实问题需要运用法律来解决时，我们总会发现要么法律规范根本无法提供符合现实需求的理论知识，要么只能提供部分符合的答案，或者存在多种理解和分歧，会在不同的法律规范中找到零散的答案，这就是法律规范的抽象性和现实社会生活的具体丰富性之间的巨大差异造就的。要想弥补这种差异，唯有依靠法律人运用法律的娴熟技巧，这种技巧是一种有别于法律知识的主观性技能，带有强烈的个性化色彩。国外法官特别注重年龄和个人丰富的社会阅历，其中原因就是法治思维的技能要素依赖于娴熟的法律技巧。

技能要素是法治思维的动态要素。法治思维的养成不但需要善于领会法律规范，还要精于运用法律技巧。培养灵活运用法律规范解决现实社会案例的技能是一个长期积淀的过程，社会阅历积累越深厚，法治思维越成熟。有的法官处理的案子成为经典案例，有的律师代理的案子令双方当事人都能信服，这不能不说是一种个人智慧的魅力，这种法治思维的技能是不可模仿和复制的，尽管法律知识是可以学习、可以传授的。所以，法律知识的储备可能是相同的，但是面临社会问题的解决方案却是不同的，技能的差异决定了法治思维主体会选择不同的法律知识和法律方法，并带来不同的法律后果。

（三）模式要素

法治在很大程度上必须保持形式性。在保持形式性上，法治思维也不例外。理解和把握研究问题的方式（范式），在许多情况下比研究问题本身更重要。正如思维是有一定的模式程序的，法治思维的模式有两种，一种是形式主义的涵摄思维，一种是实质主义的类型思维。

第一，涵摄思维模式。涵摄思维模式是一种基本的法律推理模式，一般称之为司法三段论，是建立在演绎逻辑之上的思维模式，指的是将具体的案件事实，置于法律规范的构成要件之下，并据此得出结论。涵摄模式下所依赖的是法律概念和法律规范的演绎，例如：

大前提：容留他人吸毒构成犯罪，小前提：某明星在豪宅容留他人吸毒，结论：某明星构成犯罪。

司法三段论演绎推理模式简化了思维，从一个一般性的前提，通过推导得出一个具体的个别结论。当然，在现实的法律案例中，涵摄思维模式通过司法三段论演绎推理的过程可能是一个比较复杂的逻辑推理过程，会包括若干个三段论，首先需要找到明确的法律规范，还要对法律规范进行解释，将案件事实涵摄到相对应的法律规范中去，才能得到一个确定的具体结论。也就是我们所说的大小前提都为真，才有可能得出一个真的结论。涵摄思维实际上是一种形式主义的法治思维，特别注重形式逻辑的严谨性，要有一个完美的形式体系，通过逻辑上的演绎推理才能得出一个令人折服的有效结论。

第二，类型思维模式。类型作为一个范畴，我们并不陌生，相比较而言，概念是一个比较明确、相对具体的范畴，类型却呈现出相对变动、开放的局面，我们通常会将某个人或者事物归为某个类型，类型确实是大致如此的一个界定，并不像概念那样精准，但却有一个大概的、相类似的核心描述。在法律场域中也是如此，法律人会将法律事实归于某个类型，徒有其形没有其实质是不能归于某个类型的，并不需要法律事实全部具备某个类型的外部特征要件，要将二者的本质特征作一个比较。因此，类型思维是一种建立在事物本质基础上的思维模式。2019 年 9 月 26 日，广西两 14 岁少年偷鸭被抓，村民逼其嘴叼死鸭下跪示众的图片在网上大量被转载，在这样一个案例中，人们会将偷鸭被抓、被逼嘴叼死鸭、下跪示众等类型化、抽象化为案件事实，在其中法律人所关注的是取向事物本质的类型化要件，类型是使理念与事实取得一致的调和者。类型思维不满足于将案件事实与犯罪构成要件语词之间的简单、外观对照，更注重于案件事实与犯罪构成要件所描述的典型事实在价值评价、意义导向上的同一性。这种价值导向、意义关联的类型思维对应的必然是刑法的实质解释①。

---

① [美]理查德·A.波斯纳.《法理学》，苏力译，北京.中国政法大学出版社，1994.

二、法治思维的价值分析

(一)法治思维的理论价值

第一，法治思维能够为思想政治教育提供价值引领。党的十八大提出三个倡导的社会主义核心价值观，其中自由、平等、公正、法治是社会层面的价值取向。思想政治教育中如何践行社会主义核心价值观就成为一个时代课题，法治思维的培育和养成与践行社会主义核心价值观就具有了紧密的天然链接。在现代社会，神治、德治和人治都逐渐失去了治道基础与根基，法治成为主要治道。在法治国家，法治思维就应该是全体公民在日常生活中的思维常态，即便作为非法律职业者的一般公民也至少应该具有最基本的法治思维能力，更不用说作为接受过高等教育的大学生。法治用思维对于高校思想政治教育的成效意义重大，法治思维的研究为高校思想政治教育提供了法律价值观念和法律知识，并且法治思维以理念与方式、方法形态为高校思想政治教育指明发展方向、开辟前进道路，如果法治思维方式能够成为高校教育者和受教育者的日常思维方式，那么人们就会更多地从法律角度看待问题，会把对法律的信仰转变成自觉行动，高校思想政治教育的有效实现就是可期待的。

法治思维首先是一种价值思维。法律思维是法治思维的前提，但法治思维不等于法律思维，法律思维只有同法律权威至上、维护公平正义和切实保障人权深度地融为一体，才可能上升为法治思维。罗尔斯指出：正义是社会制度的首要价值，正像真理是思想体系的首要价值一样。一个正义的社会总是意味着自由和平等，自由和平等促进了人类的进步。唯有正义、自由和平等才能产生效率、秩序、公平、文明、民主、人权等价值，这些都是社会的基本价值。尽管所谓平等、民主、公平等永远都是相对的，而且这些问题的解决绝非易事，但法治思维的培育和养成能孕育和涵养这些重要的民主社会所必需的社会价值，能够使全社会绝大多数公民认同和接纳这些价值，认同当下的社会制度，维护当下的社会秩序，运用法治思维中的丰富价值内蕴，践行社会主义核心价值观就有了底蕴和底气，也就能够为当前高校思想政治教育注入新鲜活力并有效提供价值引领，使高校思想政治教育沿着社会主义核心价值观所指引的轨迹前进。

第二，法治思维的确立能推动思想政治教育的科学化进程。新形势下的高校思想政治教育受到各种思想的冲击和影响很大。尤其是互联网媒体的发展已经到了自媒体时代，新媒体的迅速发展已经颠覆了传统媒介和传统教育的习惯性模式。高校思想政治教育的科学化进程是一个复杂的发展过程，面临日益创新的新媒体时代的冲击波，必然做出应有的应对和必要的革新，否则新瓶装老酒的做法是无法完成高校思想政治教育的科学化目标的。

法治思维还是一种建构性思维。黑格尔指出：精神的伟大和力量是不可以低估和小视的。法治思维同样是一种精神力量，试看法律史上，人类伟大的法律制度的建设成就无一不是直接来源于法律思想家的伟大思想和理论结晶。法治思维以其特有的批判性视域审视高校思想政治教育的发展势态，适时寻求创新策略，建构起应对挑战的新机制、新制度。事实上，人们总是用法律和制度来解决现实中出现的各种问题和麻烦，但是生活总是变动不居的，不断呈现出新的样态和发展，法律和制度也需要不断重新建构。人们普遍以为法律是教条化的，高校思想政治教育是鲜活的，两者何以发生联系？并且法治思维何以促进高校思想政治教育的科学化进程？其实，正是法治思维的建构性作用才能发挥如此重要的推动力，法治思维是在不断地建构新的制度和机制来应对新形势下的高校思想政治教育受到的各种冲击和影响。法治思维以其理性专业化方式深化了高校思想政治教育的规律性研究，拓展了高校思想政治教育的科学化视野，以及推动了科学化发展进程。

第三，法治思维有助于简化思维，并将预防社会问题的发生提到思想与思维的内在层面。法治思维具有简化思维的作用，其通过赋予事实以法律意义进而将复杂问题简单化。法律人往往能够透过复杂的社会事实表象，将具有法律意义的事实要素提炼出来，加以类型化，或者涵摄到某个法律概念之下，进行法律分析或者寻求到法律解决方案。要坚持法治教育与法治实践相结合，广泛开展依法治理活动，提高社会管理法治化水平。法治思维方式具有内在的本质意义，决定着大学生看待问题和事物的基本方向和根本特质，在某种程度上决定着旧问题的自然消解，因为思维方式的转变，问题或许就不再是问题，这是思维方式和思维依据的变化所带来的积极效果。因此，法治思维方式如果能够被更多的大学生认同并将其作为自己行动的指南，高校思想政治教育中的一些基本而普遍和重大的社会问题将会消解和融化，如春雨般润物于无声无息之中，如复旦大学投毒案，富二代杀人案等社会焦点矛盾问题正是缺乏基本法治思维的典型表现。

法治思维更是一种规则思维。法治思维强调和推崇法律规则在解决社会问题中的重要作用。社会需要法律规则，高校本身就是一个小社会，属于大社会中的一个有机组成部分。高校同样需要法律规则，而且更要重视发挥法律规则在高校思想政治教育中的作用。法律规则是社会的一条底线，基于对规则的认真遵守和严格执行，才能有效约束各种不合规则的行为，才能增强高校思想政治教育的实效性；正是基于对规则的普遍遵守，有违高校思想政治教育理念的各种行为才能得到修正，从而做到防患于未然。思维决定出路，规则约束行为，法治思维决定了人们的行动，决定了人们对于规则的遵守和执行，决定了高校思想政治教育的实际成效，并将预防社会问题提到思想与思维的内在层面。

（二）法治思维的实际应用价值

第一，法治思维的积极影响。法治思维是思想政治教育的软性力量，法治思维培养的是思想政治教育受教者的一种内在潜质。法治思维自身的理性化、严谨性对高校思想政治教育产生了积极影响，诸如对职业观的影响、学习观的影响、发展观的影响，还能培养大学生务实自律与创新品质。

职业观的影响。大学生大都喜欢新奇事物、接受能力强，不会墨守成规。因此，不少大学生对自己所学的专业和将要从事的职业缺乏认同，多元化职业价值观呈现明显加重趋势。法治思维的一端连接着信仰和价值，另一端连接着说理方法和解决纠纷的艺术。因此，专业和职业需要一种信仰般的价值认同，职业是需要一种执着的精神去追求，把个人的兴趣和爱好充分发挥出来，那种朝三暮四的做法是无法发展好个人职业的；同时职业也是一门处理好实务问题的艺术，需要将在高等学府里学到的理论知识转化成一种实务能力和艺术技巧。还需要指出的是现代社会更多的需要一种多学科、复合型的应用型人才，以法律专业为例，想处理好法律实务，仅有法律理论知识是远远不够的，法律是面向社会生活的方方面面的，想处理医疗纠纷，没有一定的医学知识就是医疗案例中的小学生；想处理好涉外贸易纠纷，没有过硬的外语知识和专业贸易知识就会成为涉外贸易领域的门外汉。

法治思维讲究遵循规则，职业领域同样也不例外，遵循规则的思维对于职业是十分重要的。能够很好地遵循规则必然能培养出诚信品质，诚信教育是法治思维和职业观都不可或缺的，诚实信用已经成为民事法律的帝王条款，所以，能够坚持法治思维的公民，必定是一个诚信的职员；而一个诚信的职员，也是诚实守法、遵循法律规则的。在这一点上，法治思维是和职业观相通的，两者之间有着互相补充、相得益彰的紧密关系。

学习观的影响。法治思维是一种批判思维。法律是由现实的人制定的，法律永远不可能是最完善、最完美的，法律要在历史的发展中不断修正、不断完善，向理想的完美目标迈进。因为现实生活总是不断变化，并提出新的需要法律解决的问题。高校思想政治教育中我们也要树立这种批判性理念，任何事物不可能是最标准、最完美的，我们要敢于质疑、勇于修正，只有不断修正，才能做得更好，才能不断发展、进步。与此同时，高校思想政治教育过程中，我们也要树立不断学习、终生学习的理念，法律人就有一种终生学习的理念，因为法律在不断修正。任何事物都是处在发展中，新生事物会不断涌现，靠吃老本是注定要落伍的，就像法律人靠吃老本会用错法律条文一样。这对当前高校思想政治教育中出现的学生厌学、混日子、混学历是一剂良方。笔者总是用法律人参加全国统一司法考试、努力考取国家司法资格证书的经历来教育大学生，确实改变了相当一部分大学生的学习观念，使他们能够从内心出发，知道需要刻苦读书、不断学习。依法治国解决的主要是治理国家所必需的规范问题、制度问题和程序问题，而以人为本的发展观则进一步明确和解决了依法治国的价值取向和目的性价值之基础。法治是方法方式问题，解决的是靠人还是靠法的问题，但法治绝不可能脱离人的活动，相反人本主义法治思维坚持法治必须首先注重人的作用和影响，要把尊重人、关怀人放在首位。人本主义法治思维体现法治的终极价值追求，把人作为出发点，关注人的自由而全面的发展，这与传统和现实中思想政治教育的管理本位是格格不入的。人本主义法治思维有利于法律信仰的形成，是高校思想政治教育中价值观的重要理论基础和文化底蕴。人本主义法治思维要求以权利为本，保障公民个人权利，限制和约束公共权力；人本主义法治思维还要求尊重人、保护私权利为其核心，坚持保护和尊重个人自由，尊重个体差异性发展，也只有这样在高校思想政治教育中以个体为本位，才能真正实现人的自由而全面的发展，才能顺应时代发展潮流，全面实现以人为本的发展观。

培养务实自律。法治思维是一种现实思维，法律永远是致力于研究解决现实问题的，也即法律的事实研究。从这个意义上讲，法治思维是一种实然性研究。同时，法治是治国理政的基本方式，建设法治社会，我们要更加注重发挥法治在现代国家治理中的重要作用。法律人运用法治思维，思考法治在国家治理和社会治理中的价值，思考法律的实际社会作用，注重法律的社会效果和目的，强调运用法律方法整合不同的社会利益，推动社会的不断发展。从法学的最大魅力角度讲，法的实务性是其他任何学科所无法比拟的，法要解决的是社会问题，具有很强的实务价值，上可安邦、下可抚民，可以为权力戴上"镣铐"。法治思维的这种务实性指向，启发我们在高校思想政治教育中要特别注重培养当代大学生的务实自律的优秀品质，要学会学以致用，只是纸上谈兵是没有任何社会现实意义的；只要务实肯干，发展空间是无限的，成就是与人的务实努力成正比的。法治思维还是一种内在的、自觉到自发的思维习惯，有了这种一以贯之的自发性、原发性品质，高校思想政治教育中养成自律的个性便是一种自然而然、水到渠成的事情了。

培养创新品质。法律人面对的是丰富多彩、变动不居的社会生活，你永远无法完全预料到会出现什么样的案例和事实，法律条文中也绝没有标准的现成答案可寻。只有置身于特定的社会现实生活中，才能激发人的创新品质和创造性思维。法治思维本身所具有的批判性和建构性也决定了只有具备批判性思维才能建构起富有创新性的事物，批判和创新永远是相伴而生、联系在一起的。养成法治思维，解决法律实务问题，本身就是一种创新和创造活动。高校思想政治教育要充分注重借鉴法治思维，发掘大学生的创新潜质，培养大学生的创新精神和创新能力，促其不断尝试创新，助其养成创新品质。

第二，法治思维的丰富功能。法治思维之真——规范人的精神世界。我们经常说法律作用于人的行为，道德作用于人的思想，法律不惩罚思想犯。马克思有句名言：只是由于我踏入现实的领域，我才进入受立法者支配的范围。对于法律来说，除了我的行为以外，我是根本不存在的，我根本不是法律的对象。我的行为就是法律在处置我时所应依据的唯一的东西。但法治思维却是一种心理过程，直接指向人的精神世界，法治思维以其特有的法律内容规范着人的精神世界，使其遵循法律的要求，具有合法性。笔者认为，法律是直接指向了人的行为，但法律对行为的规制、法律对人的影响不可能剥离对人的思想的影响，刑法中分析犯罪构成也是坚持主客观相统一的分析模式，真正起着本质作用的还是对人的思想的规范和制约，进而指挥人的外部行为展现出来。这和我们通过分析人的行为来研究人的主观思想之道路正好是对应的，真正决定着人的行为的还是人的思想即人的精神世界。在法治廉政教育中，我们经常会提到要敬畏职业操守，因为敬畏职业操守是一种天生的自我保护。从法治思维的角度看，敬畏职业操守实质是我们要敬畏法治和职业制度与职业道德，这都是从制度与法治纪律的角度谈的，敬畏法治、敬畏宪法，培育法治理念、养成法治思维，更是一种内在的自我保护。有法治思维就是有底线思维，恪守底线、遵守法治就是最大的自我保护，因为有什么样的思想就存在什么类型行为的可能，行为始终是人的思想的外显。

当然，法治思维在规范人的精神世界领域方面还有其特殊性。这就是法治思维之真的特殊性，毕竟法治思维是一种底线思维，合法性就是法治思维的基本底线。司法权的最大特点是在法律上认定事实，而不是就事实认定事实。打官司打的就是证据，法律上认定的事实需要有证据佐证，没有证据佐证的事实就不是法律上的事实。法律上有法律推定、法律拟制，例如过错推定、无罪推定，如果没有客观证据证明或者证据是非法所得，即使客观事实上你是有罪的，法官也要依据法律上认定的事实判你无罪。这其实就是合法性的决定作用，合法性在法治思维上是第一位的。法治思维之真就是合法性，在规范人的精神世界方面，法治思维成就合法性，合法性排斥其他特性，甚至排斥客观真实性；法治思维成就法治认同，法治认同可以有效防止思想的散漫性，增强凝聚力。这里谈到合法性排斥其他特性，甚至排斥客观真实性，一是在描述一种客观的司法现象，一是在凸显合法性的重要性，哪怕是付出了一定的代价，也必须坚持合法性，一般指的是存在权力行使或者程序瑕疵的情况下，牺牲客观真实性为代价坚守合法性底线。

法治思维之善——倡导人的精神世界。要用法律来推动核心价值观建设。各种社会管理要承担起倡导社会主义核心价值观的责任。法律是惩恶扬善的，法治思维在本质上是向善的思维。电影、电视、小说等各类艺术作品中，坏人总要被绳之以法方能大快人心；生活中，也总是信奉恶有恶报、善有善报。现实世界中的四川刘汉刘维涉黑案、全国首例特大地沟油案、人们口诛笔伐的北京摔婴案，陕西的房姐龚爱爱、表叔杨达才案，还有网上一则调侃山西省委常委会议近日在新址——秦城召开的帖子等社会热点刑事案例，每当正义得到伸张，大众的精神世界就得到愉悦。刑法中关于侵占罪的规定告诉我们，其中一种情形是将他人的遗忘物非法占为己有，拒不归还，达到一定的数额就构成犯罪；拾得遗失物，拒不归还，达不到刑事立法规定的犯罪数额的，构成民法中的不当得利。况且物权法中规定拾得人有返还的义务，有及时通知权利人或者送交公安机关等有关部门的义务。法律人按照法治思维来处理拾得遗失物，不论是通知权利人，还是归还失主或者送交公安机关等部门，这都是一种积极向善的思维模式，既有明确的法律指引，还有不遵循法治思维、不按照法律规范处理拾得遗失物所带来的相应制裁后果，这些都让人们形成遵循法治思维，用多种强制化的方式方法引导人们向善。向善的法治思维给人的是一种积极的倡导，这种倡导比起简单说教要有效得多，是一种发自内心的倡导，内因的作用远比外因的作用强大，是发乎心、止于行，形成一种稳定的思维定式趋向。所以，法治思维对公民个人来说，是对个体情感的深情表达（权利方感受到温暖，义务方体验到美德）；在集体方面，法治思维是对集体情感的诗意表达（集体是鼓励这种美德，褒奖有美德之人的）。个人和集体都能得益于这种向善的法治思维模式。

法治思维之美——升华人的精神世界。法治思维是一种追求真与善的思维，真象征着法治思维的知识与理性，善是法治思维的正能量，一个追求真与善的思维就是美的思维，法治思维就是一种美的思维，能净化人的心灵、升华人的精神世界。法治思维是一种美的思维，追真求善就是一种纯真的美，追求正知、正念，传递与释放正能量，就能使人远离污浊、去除杂质，就能使人的心灵得到净化。

近日看到新闻媒体报道民众遵守社会秩序意识增强，传递正能量的平凡事件越来越多，令当事公民和广大民众都倍感愉悦。我国交通法规明文规定：社会车辆应当让行急救车辆，执行紧急任务的急救车辆、消防车等具有优先通行权。事实上，在现实生活中，没有让行急救车辆、致使急救车辆在车流中动弹不得、前进不了，因而致使救人行为延迟的事件屡见报端。现在令人欣慰的是，民众对法治的认同度越来越高，民众已经逐渐习惯于运用法治思维和法治方式来解决社会问题和保护个人权益，例如主动让行急救车辆和消防车辆等受到大众赞誉，在2019年11月初，南京某区隧道内车辆正值上下班高峰期，车辆本来已经排起了长龙，此时，后方响起急救车辆的警报声，由远及近将要行驶到隧道口，必须经过隧道才能快速将受伤之人送到最近的医院，本来缓慢、拥堵的车流致使急救车辆近乎不能前行，忽然之间，离急救车辆较近的一辆私家车司机将自己的小轿车尽可能偏向路边，让出中心道路的空间，其他社会车辆紧接着也纷纷驶离主干道，停在路边，静等急救车辆从道路中心位置快速通过了隧道。原本需要四十多分钟通过隧道，后来十几分钟就通过了，伤者获得了最及时的救助，为急救伤者的生命争取了宝贵的时间。主动让行急救车辆事件被媒体披露后，相关报纸媒体的记者通过视频和行车记录仪的记载，迅速找到了其中一些私家车的司机，但这些私家车主普遍觉得让行急救车辆是个人应该做的一件普通事情，因为社会车辆也好，私家车也好，让行执行紧急任务的急救车、消防车等是交通法规明文规定的，这是一种普通守法行为。相反，如果不让行急救车辆等，不仅有违法律法规的基本规定，而且也是没有社会公德、违背社会主义核心价值观的表现。当地交警部门对社会车辆纷纷自动让行急救车辆纷纷点赞，要对这些遵守交通法规、传递正能量的私家车主进行每人 500 元油票的奖励，这也是一种对那些遵循法治思维，坚持运用法治方式的守法公民行为的褒奖。这其实是法治思维带来的道德红利，法治思维和法治方式使得民众更加认同法治，法治思维使人们产生了美感和愉悦。社会主义核心价值观能够引导和支持法治思维，法治思维也因为社会主义核心价值观而得到强化和提升。总之，要切实把社会主义核心价值观贯穿于社会生活方方面面。要把社会主义核心价值观贯穿、内化进人们的法治思维之中，使社会主义核心价值观得到具体落实，并从中升华人们的法治思维——法治思维使人认同规则、遵循规则，会给人以健康的活力；法治思维使人发于心、止于行，感受内心的愉悦，会给人以快乐。要真正体验到敬畏法治的人是最快活的，要坚持慎始慎微，法治的威力和魅力是无穷的，法治思维是在构筑一种自律防线，培育法治思维、服从法治权威，做一个严谨的人、快活的人，法治认同是一种内因、一种思想和灵魂。以遵守税法为例，一个公民会因为迟缴税、没纳税、逃避纳税而忐忑不安，也一定会视循税法缴税款为理当如此，这样的公民会因为依法办事而内心坦坦荡荡，在这种层面或意义上，法治思维使人的精神世界得到升华，法治思维带给人的是一种提升人性境界的美，是一种大爱之美。

较强的法治思维和能力是化解矛盾、应对风险挑战的重要保障。大学生的法治素养程度关系到法治国家的宏图大业，当代大学生是中国特色社会主义事业的建设者和接班人，是实现民族复兴的关键力量。因此，我们必须站在"四个全面"战略布局实施和为实现中国梦培养接班人的高度来加强大学生的法治教育。首先，明确法治教育的目标是使大学生认知中国特色社会主义法治体系，增强法治意识，培养和提高运用法治思维解决实际问题的能力；其次，将提升大学生法治素养作为新时代立德树人的重要内容，法治教育应做到有计划、有组织，并落实到育人各环节；最后，疫情过后，要进一步提高对法治教育意义的认识，挖掘这次重大疫情中的法治素材，将思政教育与法治教育融合起来，在提高大学生公民意识、增强国家认同感的同时，为高校防"疫"思政工作注入强大法治精神动力，增强大学生的法治观念和规则意识，教育学生对于疫情引发的公共卫生事件等社会现象能从法治维度进行思考，自觉遵纪守法，为依法抗疫贡献一份力量。

良好的法治氛围有助于树立法律信仰，增强法治意识，提升法治认同。这次疫情防控，以习近平同志 2020 年 2 月 5 日中央全面依法治国委员会第三次会议重要讲话为界，分为前后两个阶段，前期关于疫情防控的法律宣传不够，导致防控措施个人遵守及社会治理方面出现了诸多问题；后期，从中央到地方，大力宣传疫情防控法律法规，对于新冠肺炎疫情暴发以来社会广泛关注的涉法事件，既有权威媒体的深度聚焦，也有微信、抖音、快手等社交平台的交流互动，通过这些媒体的宣传，大学生不仅懂得了疫情防控法规属于以宪法为核心的中国特色社会主义法律体系的组成部分，而且学会了运用法治思维分析涉法问题，从而深化了对法治的认知认同。疫情过后，高校在校园文化建设中应主动融入法治元素，充分利用校园广播电台、校报、宣传栏等传统校园文化载体以及微信公众号等新媒体平台，宣传法律知识、弘扬法治精神，营造良好的校园法治氛围。同时，还应创造条件，让大学生积极参加法律援助、法律诊所、法律辩论和模拟法庭等校园法治文化活动，并在这些法治实践中获得提升法治认同的持续性力量。

三、培育当代大学生法治思维的着力点分析

培养大学生法治思维要从充分发挥思想政治理论课的主渠道作用等几个着力点出发，把握好课堂育人、实践育人、文化育人、管理育人、合力育人等几个方面的密切结合。

1. 课堂育人

充分发挥思想政治理论课的主渠道作用。法治思维的启蒙需要一定的法律知识素养，因此，当代大学生要在大学的课堂上汲取法学知识的营养，逐渐积淀起法律涵养，逐步学会运用法律、形成一定的法治思维。大学生要把追求公平正义作为自己的使命和责任，树立正气，胸怀大局，以人（民）为本，在实践社会主义法治理念的过程中，学会用法律武装头脑，养成法治思维，善于运用法律维护自身合法权益，做依法治国根本方略的践行者。大学生法治思维的培养要坚持首先从课堂育人出发，充分发挥思想政治理论课的主渠道作用。作为一种深切的体

会和感悟，思想道德修养与法律基础课的老师，应当尽可能起用法学专业教师，因为专业的法学师资才能做到法律知识的综合运用和融会贯通，要想给学生一杯水，教师必须拥有一桶水，甚至一池水，即是此意。教学改革实验的事实证明，法学专业教师讲授法律基础部分，能够给大学生以充分的法律知识和法治熏陶，不少非法律专业的学生因此走上了法律道路，立志从事法律职业，法律基础课对学生的影响甚至是人生道路抉择的关键影响，这种对大学生的法治思维的启蒙是相当成功的。

充分发挥思想政治理论课的主渠道作用，课堂育人绝不仅仅局限于思想道德修养与法律基础课。我们经常说，大学生要有法治这根弦，不能做 21 世纪的大学生中的法盲。培育大学生法治理念一直以来都是高校思想政治理论课的重要目标之一，培养大学生法治思维成为当前践行依法治国的重要目标任务，因此，在思想政治理论课中，都要围绕这一目标，坚持依法治国的纲领性指引，做到从思想政治理论课多门课程的具体特点和实际内容入手，进行有效的法治理念教育，培养大学生的法治思维。法律知识是法治思维的前提基础，思想政治理论课要让大学生接受法治教育，具备一定的法律知识素养。我们要用一种崇高的宪法和法治理念充实当代大学生的头脑，抵御腐朽堕落思想的侵蚀，筑牢依法治国的思想理念根基。理念对于一个人的行动是一种先导，是一种动力，理念先行，理念稳定，大学生只有形成内化于自觉的法治理念，才能笃信法治、践行法治，才能真正形成法治思维。

2. 实践育人

努力发挥社会实践的育人作用。参与法律实践是对大学生最好的法治宣传教育，解决大学生个人的实际法律问题是提高大学生自身法治素养、培养法治思维的最直接有效的途径。法治的存在是以社会生活的存在和需要为依赖和根基，法治的理念只能以具体的社会生活实践为场景的现实展开，法治思维也只能由现实的社会生活实践来培育和塑造。社会法治实践是强化大学生法治思维的根本基石，从大学课堂学到的法律知识，从个人维权体验中形成的法治思维，最终都要到社会实践当中不断去付诸实施。

我们要通过生动的社会法治实践，让大学生产生切身的体会和深刻的认识，法治要成为社会每一个普通公民合法权益的忠实守护者和坚定的捍卫者，只有这样才能让我们的法治建设接地气，也才能让我们的法治建设真正做到对大学生来说不仅是进课堂、进教材，更是一种入脑入心的、生动的社会维权实践。当法治建设能够给人们对维权行为及其正当结果以合理的预期时，当代大学生更愿意通过法治方式来维护自身权益的时候，法治思维的形成就是一种现实的感知。坚定地从大学生亲身参与社会维权的具体实践出发，充分发挥法治实务能为人们排忧解难、提供法治权益保障的应用型特有魅力，大学生法治思维的培养就是一种自然形成的结果。

3. 文化育人

积极营造良好的校园法治文化环境。大学法治文化环境对大学生法治思维养成具有重要而直接的影响，法治文化是社会主义文化的重要组成部分。弘扬社会主义文化、践行社会主义核心价值观是提高我国国家文化软实力的重要路径依赖。习总书记强调指出，要切实把社会主义核心价值观贯穿于社会生活方方面面。新时期大学生的宪法素养、法治素养本身就是国家文化软实力的一个有机组成部分，在根本性程度上决定着我们国家文化软实力的水平和层次。国家的发展看青年，青年的主体是大学生，大学生的教育以培养法治思维为新的切入点，一个尊重规则、注重程序的群体总是敬畏和服从法律，因为服从规则、敬畏法律而成为具备较高素养、充分彰显文化软实力的群体。新时期大学生群体成为我们国家弘扬社会主义文化、践行社会主义核心价值观的重要主体，要把社会主义核心价值观贯穿、内化进大学生的法治思维之中，使社会主义核心价值观得到具体落实并从中升华大学生的法治思维。法治思维使人认同规则、遵循规则，会给大学生以健康的活力；法治思维使人发于心、止于行，感受内心的愉悦，会给大学生以快乐。

积极营造良好的大学校园法治文化环境是培养大学生法治思维的重要条件。当前，大学贯彻落实依法治国、推行依法治校，要大力宣传法治教育，宣传宪法、学习法治；要坚持大学去行政化，努力构建民主法治和权利本位的良好校园文化环境。要充分利用校园广播、宣传栏等传统媒体，以及校园微信、局域网等新兴媒体，多渠道、全方位实现法治文化对大学生的育人效果。要坚持大学校园中法治文化教育的日常渗透和影响，充分展现法治知识的宣传、法治理念的塑造、法治行为的践行，实现法治文化的潜移默化影响和熏陶。让大学生真正体验到敬畏法治的人是最快活的，要坚持慎始慎微，要真正感受到法治的威力和魅力是无穷的，法治思维是在构筑一种自律防线，培育法治思维、服从法治权威，做一个严谨的人、快活的人，法治思维是一种内因、一种灵魂。

4. 管理育人

注重在推进依法治校中培养学生法治思维。法治成为时代主题，高校管理培养人才同样面临着法治挑战和法治保障的双重性。一方面，高校事务面临来自校内校外诸多的法治冲击，需要用法治规范高校管理培养人才事务本身，实施人性化育人服务，实现培养人才事务的规范化、民主化、科学化；另一方面，高校依法管理培养人才是对人才合法权益的有力保障，也是对高校本身合法权益的正当维护，高校管理培养人才事业的制度化发展、困境突破、权威树立都需要法治化保障。在大学生中积极推进法治宣传教育是适应高校依法管理培养人才的重要举措，而人才本身的法治化从根本上决定着高校依法管理培养人才的法治化水平。现在，全国范围内无论是政府还是事业单位、人民团体都在全面推行法律顾问制度，社会民众的法治意识也在迅速增强，大家都在说法律谈法治，言必说法治，法治成为当下的一个时代热词，出现频率极高，大家都在找法律顾问。这本身是个好事，预示着法治大有可为。大学校园里同样离不开法治，也在以各种方式推行法律顾问制度和实施法治，具体表现为高校各个部门都在遵循制度要求，履行法定手续，守规矩的意识强烈了、自觉了，经济往来行为首先签订合同，知道运用法律手段和法治方式来合理解决纠纷，不断完善各种纠纷解决机制。教职员工逐渐养成严格执行财务制度、差旅制度等规范，奖励先进和优秀、处分违纪和作弊、落实学业预警制度等事关大学生个人切身利益的各种制度、章程逐渐完善起来，懂得了严格按照事先规定程序办理相关事宜，高校依法管理培养人才的各项工作的法治水平得到了极大提升。如果面向大学生进行法治宣传教育的措施得力，大学生的法治意识、法治能力、法治水平得到很好提升，我们培养出来的高等教育人才是合格的法治产品，那么高校的法治工作将是非常顺畅的，在法治化的轨道上，高校依法管理培养人才将会事半功倍，法治高校将是法治社会的有机组成部分，为法治社会建构奠定坚实的人才基础、法治基础，并将为法治社会建设积淀先进的模式和基本经验。

5. 合力育人

努力发挥学校、家庭、社会的合力育人作用。通过《思想道德修养与法律基础》课进行大学生法治宣传教育的主渠道不能动摇，但亟须优化加强，可以从大学课堂、维权体验、家庭生活与社会生活多方面形成新时期加强大学生法治宣传教育的合力，单纯依靠家庭教育、生活体验或者学校教育某一层面来进行大学生法制宣传教育会事倍功半。良好的家庭环境潜移默化的熏陶锻造了青年大学生的法治品格；家庭中会遇到各种法律问题，而法治宣传教育的效果又会源源不断地输送回家庭生活中得到践行。家庭对青年学生的影响是更加基础性的，甚至是更加根本性的，家庭生活对于一个人成长的影响也是长期的和全面的，很多孩子的教育出了问题往往就在于家庭的影响。一个充满书香的家庭生活，孩子受到潜移默化的影响和熏陶，很容易养成爱看书的习惯和爱好，并且能够养成较好的性格和学习能力；相反一个充满暴力和嗜赌成性的家庭环境，孩子养成暴力和偏执性格的概率也是极高的。这两种性格的孩子在后来人生的成长道路上会逐渐显示出巨大差距的，在大学里面甚至会形成两种截然相反的性格倾向，甚至走上性格迥异的发展道路，这样的例子在现实社会生活中绝非鲜见。

相比于家庭生活，大学是对青年学生产生重要影响的另一个关键环境和场所。大学毕竟是人生即将踏入社会开始创造财富的肇始阶段，是青年学生即将自立于社会的奠基塑型时期，大学时期的教育有时候是突飞猛进式质变产生，能够完全改变一个人重大发展时期，因此大学时期要及时跟进法治教育，让法治作为青年学生健康成长的护航力量。大学生法治宣传教育的主阵地就是高校，大学生的法律素养在学校得到滋养和升华；生活具有强化作用，大学生法治宣传教育的成果要回归生活中得到验证和实训，在生活实训中得到强化和巩固。把家庭教育、生活体验或者学校教育割裂开来的做法都不能保证长久，也不能做到相互补充和彼此配合，唯有凭借家庭、生活、学校三者的合力，才能取得对大学生法治宣传教育的全方位、最优化效果，毕竟三者是可以相互强化、共同支撑的。

　　总之，有什么样的思维意识，就会有什么样的具体行为和外在行动。大学生法治认同最终会体现在个体自身具体的行为模式上，法治认同本身是一种对法治由观念认同到情感认同再到行为认同的复杂历程，最终会有一种物化的结果呈现。从这种意义上讲，法治思维是大学生法治认同生成的心理基础和内在前提，法治认同是法治思维的外化形式和物化结果。如果法治思维缺失，对法治的认同就成为无本之木、无源之水，也将是一种空中楼阁。换句话讲，处处是一种盛气凌人的人治思维，怎么可能会愿意接受法治的约束和规范，又怎么可能会生成对法治的认同呢？我们要采取多种方式培养大学生法治思维，通过学校课堂启蒙大学生法治思维，引导大学生参与法治实践提高大学生法治素养，凭借家庭、学校、社会合力取得对大学生法治宣传教育的最优化结果，借助学生活动普及大学生法治教育；我们要不断向大学生宣传法治理念、传授法治规范、培育法治思维，只有这样我们才能不断增强大学生对法治的认同。

第四节　参与制度实践

　　大学生在法治中国的建设进程中应该如何与时俱进，又应该有什么样的法治态度，一直是当代大学生思想政治教育应该充分关注和聚焦的时代问题。所有的实践行动都应当是理念先行，没有思想文化理念的指引，只是一味地行动，这样的行动就是盲目的行动；相反，如果只是研究思想和文化理念，没有付诸实际行动，甚至只有一味地思索和坐拥书屋，这样的思想和文化理念是空洞的论调，永远不会对社会发展起到促进作用。推进当代大学生法治认同最终要到法治建设的生动实践中去践行，并进行检验和升华。

一、生活实践向度

法是人类社会生活经验的经典性反思和总结，法源于社会生活又高于社会生活，最终又将回归社会生活的实践。法如果离开了人类的社会生活实践，将成为浮云。中外哲学家、思想家、法学家和思想大师们都曾经有过无数宝贵的论述，而且都是关于法与社会生活的精辟见解和深邃洞察。作为法治之精神意蕴的人们对法的信仰的真实根基便是现实的人的日常生活世界。所以无论如何，法都是从现实社会生活实践中汲取营养和生命力的，法都将回归到现实的社会生活实践中去，从中实现法治的理念，从而形成法治的现实社会秩序。因此，正如姚建宗教授指出的：立足于人的日常生活世界，关注人的生活现实的具体场景，乃是法治的真实路径与基本向度。

当代大学生的法治认同培育同样遵循着上述共识性的基本认知，必须关照大学生的现实生活场景，立足于大学生的现实生活世界，只有这样才能使面向广大青少年的法治教育具有真正的说服力和鲜活的生命力。以现在的高考招生网上录取制度为例，这是培育大学生法治认同的最初的一次制度性安排，也是最重要的法治认同实践之一，制度化安排能够让社会民众和莘莘学子产生真切而实际的法治认同。当下的高考录取程序与规则制度是最公平、最符合法治要求的，原因在于其程序的公开透明和迅速及时，规则制度的执行严格彻底，取消了原来计划体制下和向市场体制过渡时期的所谓点录制度，给予了考生公开录取和志愿平等的机会，政策着力点就是以考生分数排序为最根本的依据。随着网上录取制度的成熟，考生可以第一时间通过网络查询获知自己被录取的状态信息，如果考生档案被退回，招生学校将需要做出详细说明原因，同时可以快捷转到其他志愿报考的学校，只要处在某一合理的分数段，又能够服从志愿调剂，被录取的概率就是几乎可以确定的，除非考生报考的目标学校过高，存差距悬殊。因此，我们可以说，当下的高考录取制度是最公平、最阳光、最符合法治的。当然我们在这里不是探讨高考制度，这里仅是就高考后的录取程序和规则制度而言的，程序越是公开，结果就越是公平，正所谓阳光是最好的防腐剂。当代大学生的法治认同培育必须从他们的日常生活实践维度去展开，他们经历了高考录取制度洗礼，之后，大学文化的教育熏陶和锻造培育是非常关键的，大学中的各类规章制度应当成为他们的第一课，而制度的执行与落实将成为重要的制度实践。竞选学生会、班委成员，评选各类优秀先进和奖励助学金，甚至入党都将成为大学生参与制度实践的重要平台，大学应尽可能将各类涉及大学生切身权益的事项，按照阳光程序和规章制度去规范落实，尽可能减少个人因素的不当影响，充分尊重大学生的个人自主权利的实现。当然，最能促进学生内在积极性的就是教师与辅导员的关爱和负责，但这种关爱和负责应当确实是建立在平等法治的基础之上，如果让当代大学生感受到的是教师和辅导员个人的管理权威影响，是某一个管理者最终幕后操纵，那将仍然是一种致命性的破坏。因为这样的结果将是，大学生遇事仍然会首先想到人的威力，而不是制度规则的福音。这也是当代法治中国建设征程中首先需要破解的阻力和难题。法治建设首先需要观念的更新，而观念和理念的更新确实又来自日常生活维度的实践影响和潜移默化的熏陶，只有当民众遇事首先想到运用法治手段去解决，而不是想尽办法去找熟人、走后门、托关系，也就是说只有法治环境越来越有利于民众权利的保障和维护，法治中国建设才有可能真正从根本上、从实际上见成效。当然大学生的法治认同还要坚持不懈地从制度实践中强化，而且这种强化应该是与社会法治实践相对接的。高校毕竟还是象牙塔，相对于整个社会而言，比较富于理想主义色彩，往往是在大学的课堂上培养出来的仅有的一点理想化色彩，一旦到了社会大课堂、大染缸，原有的底色很快被冲淡了，完全被撕裂了、扭曲了。现在的法治中国建设的历史进程为当前大学生法治教育和法治认同培育提供了非常有利的机遇和现实条件，政府部门全部建立法律顾问制度，高校和中小学法律顾问制度也正在全面铺开，依法治国、法治建设深入人心，无论是象牙塔内还是整个社会各级各类机关单位和企业事业团体组织等，人们的法治意识普遍增强，已经开始习惯于遇事想法、找法，咨询法律顾问，寻求法律支持和帮助。社会法治环境的健康发展为当代大学生法治认同的培育带来了前所未有的良好机遇和时代条件，因此，大学生法治教育和法治实践与社会法治建设的有序对接已经成为现实，这将成为最有利的生活实践向度条件，为大学生积极参与法治建设的制度实践奠定良好基础。

二、社会维权实践

社会应当成为国家和公民个人之间的过渡空间，成为公民个人发声有效合成并转化为公共意见和建议的一个平台，尤其要成为解决社会不公平、不安全问题的有效平台。因此，在这样一种符合法治政府、法治社会、法治国家理念的视角下，社会有了新的定位与功能，这是建立在一种不同于传统行政思维基础之上的法治思维才有可能实现的效果与状态。只有在法治思维的指导之下，法治的精神和要求才能得到人们的理解和接受，并转化为人们的运用法治方式进行治国理政或依法维权的法治实践。这样看来，法治思维是一种软实力、一种精神层面的潜在推动力，只有很好地培养法治思维，法治维权的社会实践才能够形成。法治教育在大学生思想政治教育中占有越来越重要的地位，在实施依法治国的今天，在大学生思想政治教育中的作用也越来越凸显，我们要培养具有强烈的法治意识、善于运用法治思维和法治方式来解决社会问题的优秀大学生，在今天看来具有重要的现实意义和政治意义。

大学生所处的年龄阶段、较少的社会阅历和仅有的一点社会人脉资源，决定了大学生的社会性还未完全形成，他们还无法拥有足以完全保护自身合法权益的实力，常常成为被侵害正当权益的弱势一方。大学生上当受骗、被诱骗、被胁迫、被侵害，甚至是被强迫去做违法乃至于犯罪的事情也就不足为奇了。有的因为贪图物质享受去行窃、去诈骗或者充当别人诈骗的道具或者工具：驻济某高校同一个宿舍的八位女生，国庆小长假在一大型商场勤工俭学期间，由于贪图小利，未加认真区分和甄别，听信一些不良之徒的花言巧语，不惜拿着自己的身份证作抵押去实施所谓分期付款购买某知名品牌的高档电子消费产品。实质是被那些无良之人作为诈骗的工具，去骗取他人钱财，幸被有良知和警惕性的销售人员识破，并及时报警处置，才使这群天真的女大学生如梦初醒，避免了更大的经济损失。有的因为想追求进步但却想寻求捷径、不用努力，因此，不得不想一些制度外的非常规做法；有的是因为缺乏必要的法治常识，即使受到不法侵害，也不懂得如何维护自己的合法权益；有的因为打架斗殴和不良习气受到人身伤害，却不知道如何自我保护和防范；有的即使上当被骗或者自身被侵犯，也可能受到威胁和恐吓、不敢声张，只得自认倒霉甚至一再隐忍，导致权益重复和长期被侵害；当然也有的大学生遇到各种纠纷或者冲突采取了非法的保护方式，致使自己反而担惊受怕，如同犯罪分子做了见不得阳光的事情一样躲躲闪闪。笔者的一名学生在勤工俭学创业期间，因为经济纠纷，与合作伙伴产生利益分歧，另一名学生因为在校期间利用周末打零工，与雇主因为工资报酬产生纠纷，两名学生都因为年纪轻、阅历少、处置问题简单化，采取了某些不当的方式，反而害怕对方来追究自己的责任，由最初的利益受侵害方转化成为后来的利益侵害者，维权不当反而导致被动躲避对方，不敢和对方协商解决先前受到侵害的经济纠纷和利益分歧。这种做法其实是以暴制暴、以非法对抗非法，结果只能是自己也深陷非法的泥潭。这种对法治的不当运用是不可能产生高度的法治认同的，相反，如果我们能够抓住这种机会，适时进行法治专业化引导，使其深刻体会到法治的正当和现实利益，是能够让我们的大学生从自身的生动体验中生成强烈的法治认同的。笔者也是这样实践的，自己作为班主任、辅导员和专业老师所教过的很多专业大学生，都愿意和笔者保持经常性联系。还有的大学生可能接受过一些法治教育，因为喜欢法律专业自己也钻研了一些法律书籍，但在实际运用中由于运用和把握不当，导致跟风形成社会上的一种过度维权行为，实则是权利滥用和法治的不当运用。因此，大学生的维权实践成为一个亟待加强的薄弱地带。

大学生法治认同的生命力在于应用，应当与他们的自身维权和社会维权实践紧密结合。不少非法律专业的学生或许由于个人现实生活的需要或者由于个人的爱好兴趣，喜欢学习法律专业知识，主动旁听法律专业相关课程，并进一步提升个人的法律知识水平，愿意从事法律职业。法律事务专业的很多学生由于在校期间奠定了比较好的专业知识素养，在法学院系开办的法律诊所和法律援助中心从事法律具体事务的实习和实践，通过这些具体而直接的法律运用实践，维护了自己和他人的合法正当权益，有效拓展了大学生在校期间的社会维权实践。一些非法律专业的大学生因为能够在大学校园里亲身接触和体验到这种维权的实践，也深切感受到法学学科和法治实践的实务魅力，从而转向法律行业作为个人将来终生从事的职业，而很多法律专业的大学生，因为在法律实务中训练养成的良好法律素养而成为未来法律职业中的骨干和行业中的佼佼者。还有什么能比得上这种现实的法律纠纷与维权事务的亲自参与处理，更能让在校大学生体悟和领会到法治的实务性、应用型，从而生成稳固而高度的法治认同。

我们要通过生动的法治维权实践，让大学生产生切身的体会和深刻的认识，法治要成为社会每一个普通公民合法权益的忠实守护者和坚定的捍卫者。以前人们对美好社会的理想描述是楼上楼下，电灯电话，这种朴素而形象的描绘唤起了多少民众的向往和执着追求，这样的描绘是最接地气的。现在我们进行社会主义法治建设，建设法治中国同样需要这种接地气的描述来唤起民众对法治的强烈认同，只有这样才能让我们的法治建设接地气，也只有这样才能让我们的法治建设不能仅仅是一种高大尚的上层供品，也只有这样才能让我们的法治科学理论和依法治国的宏大理念真正具有强大的生命力，真正做到对大学生来说不仅是进课堂、进教材，更是一种入脑入心的、生动的社会维权实践。当法治建设能够给人们对维权行为及其正当结果以合理的预期，当代大学生更愿意通过法治方式来维护自身权益的时候，法治建设就取得了明显成效，大学生是社会发展的风向标，他们具有较强的社会适应能力，最终将成为整个社会法治建设的主要推动者和担当者。最给力的法治教育就是法治维权实践，可以说华丽的言辞永远无法代替实际的切身行动。伴随着社会转型期的发展，国家在高等教育改革与发展方面也正在进行一系列的变革和转型，比较突出的就是强调应用型普通本科教育的推行，加大了社会实践教学的比例和要求，要培养学生的动手实践能力，培养适应社会发展实际需要的实践型、应用型人才。这种改革举措拉近了学校与社会之间的距离，使得普通本科院校培养出来的毕业生能够很好地适应社会与市场需求，具有很强的行业实践能力，实现了教学科研与社会生产、大学与用人单位之间的零距离接触，使得大学培养出来的人才更具有社会适应性。只有让我们的大学生真正从象牙塔里走出来，走进社会实践，培养学以致用的应用能力和实务能力，这样的教育才是真正具有生命力的教育，这样的法治建设才是真正具有影响力、感染力和生命力的法治建设，这样形成的法治认同才是最具底气、最接地气、最有定力的法治认同。

只要我们坚定地立足于现实的人的日常生活世界，密切地关注现实的人的具体的生活场景，那么，对于中国社会来说，法治就不仅是可欲的，而且是可行的；不仅是可期待的未来的理想，而且是可感知的当前的现实。同样，只要我们坚定地从大学生亲身参与社会维权的具体实践出发，运用法治思维方式，充分发挥法治实务能为人们排忧解难、提供法治权益保障的应用型特有魅力，那么，对于大学生乃至于全体民众的法治认同生成都将是一种水到渠成、自然而然的事情。

中国的法治建设正经历着深刻变革和历史转型，也取得了令世人瞩目的成就。但是，如何彻底、全面、顺利转型，如何充分克服前进道路上的不利障碍，尤其是如何引导广大民众真正走向法治，还是一个较为现实的问题。建设法治社会确实需要培养平等精神、保障契约自由。但我们也应该全面看待中国的文明发展历程，中国的崛起是有其历史的正当性的，在某些人眼里的重大瑕疵和缺陷，在特定社会历史背景下对中国的发展和崛起也是起到了重要推动作用的。西方国家对中国政府具有强大的整合社会资源能力、集中全社会力量办大事、办对全社会有意义的事情也是刮目相看、非常震惊的，这一属性对中国来说应该是把双刃剑，这才是历史的眼光，才是实事求是和科学的态度。

今天，在法治中国建设的宏大历史背景下，我们研究大学生的法治认同问题，尤其是探讨推进大学生法治认同的具体路径，应该既要探讨法治认同的思想文化理念方面的问题，又要分析研究法治认同的实践行动，只有这样才能实现法治理论与法治实践的有机结合，才能真正有效推动当代法治中国的建设进程。具体而言，我们应该坚持加强法治宣传教育、培养法治情感、遵循法治价值的内化引领。还要进一步培育当代大学生的公民意识和法治思维，优化建构依宪治国背景下的人民社会，并积极引导当代大学生参与法治制度的具体实践。情感动力、价值引领、法治思维、公民意识等几个维度是大学生法治认同的思想文化理念维度，一个根本，即参与制度实践，是大学生法治认同的实践行动，思想文化理念维度最终要统一于一个根本，依此深入研究大学生法治认同的路径问题，只有这样才能造就法治中国建设所需要的、新时期大学生对法治的高度认同。

大学生的法治认同需要诸多外在和内在条件，法治思维的培养是一种至关重要的因素，更是一种内在软实力的体现和升华。只有逐渐形成法治思维的模式，才有可能实现通过对法治的宣传教育，即外在的灌输和影响，达到对法治首先是不排斥不拒绝，做到能够初步接纳，尽管或许存在对法治的质疑，但已经进一步达到形式上的法治认同——形式层面的法治认同是一种基本的共识，法治将成为绝大部分社会成员的时尚话语体系，言必说法治成为一种时代的主题旋律和关键词；在形式上达成法治认同的基础上，进一步升华才能到达实质的法治认同——实质的法治认同是一种默契和自觉，必然内化为一种法治的固化理念和定式行为，社会成员视遵守法治为一种必然和常态。在实质法治认同状态下，社会成员会视规则为生命线，不遵守法治就是一种不正常的状态，是对正常法治状态的极大破坏。即使没有警察值守，民众也照样自觉遵守和维护秩序，不会因为自己的聪明而去探寻法治的漏洞，也不以能钻法律的空子而自豪——这当然是实质法治认同的一种理想状态。对严厉的法治惩罚存在着强烈的畏惧之心，实质法治认同才能最终形成，并模式化为社会成员的一种自觉行为。这种观点也是非常具有深刻道理的，这其实是实质法治认同的另一种外在条件，必须辅以严厉的法治惩罚手段和不利后果，单纯的法治宣传教育是无法达到完全的法治认同的境界和层次的。

推进当代大学生的法治认同必须渗透进大学生思想政治教育的具体实践过程中去，空洞的说教是永远不会有多么生动的实际效果的，尽管从事大学生思想政治教育的工作者进行了不断的改革尝试，力求将大学生思想政治教育大众化、实践化、通俗化、形象化，但不可否认的是，仍然有相当一部分人将大学生思想政治教育作为一种工作手段，即使取得了生动的效果，一旦不能持续跟进，也将很有可能无法持续有效，甚至出现大逆转和大反复。法治和法治认同能够很好地弥补大学生思想政治教育的这种缺陷和不足，因为法治具有持续性和发展性，法治认同更加具有长效性、制度化色彩。法治认同要发挥制度的规范色彩，立足于外在规范与内在引领，使其二者相互支撑、彼此强化、共同发挥实效。具体而言，所谓外在规范主要是指法治是行为的准则和依据，这种规范带有法律层面的国家强制力作为保障，是应该普遍遵行的，不存在只是舆论或道德谴责而不敢强制适用的问题，如果只是思想政治教育和说教的话，是不能诉诸法律的强制力作为保障的。再如果培养出更好的契约精神，一方违约给对方带来不利益或者损失，对方必然会有对违约的制约措施，比如某种对违约行为的惩罚措施，正是这种具体的惩罚措施会使自己处于不利境地，也必然规范制约己方行为严格遵守法治要求。所谓内在引领就是指，法治的规范价值和精神理念已经深深植根于法治主体的头脑之中，形成一种内隐式、自觉性的固化理念，正是这种理念和价值的精神作用，使得遵守法治、认同法治成为一种发于心的自觉和积极引领，这是一种当然和应然，法治主体已经形成思维定式和行为定式，完全是一种不自觉的行为了，一种自觉性的理念达到了不自觉性的行为状态，成为一种境界和理念的提升。这种不自觉性的行为完全是一种内在自律和内隐引领，会视遵守法纪为自然而然的当然行为，不会刻意追寻法律制度的漏洞，更不会以能钻法律的漏洞寻求某种利益为个人的聪明才智，如果是这样的话，王海买假打假将成为法治社会中的一种不可思议的反常现象，是缺乏法治认同内在引领作用的基本表现。以此类推，大学生如果生成普遍的法治认同，那么，我们的大学生思想政治教育将会比现在有效得多、容易得多。

大学生的法治认同还能够有效培养大学生对法治的敬畏之心，敬畏是最好的规矩意识。美国第一任总统乔治·华盛顿说过："当我走向总统的座椅时，就像一个罪犯走向刑场时的心情一样"，说明总统华盛顿尽管成为开国总统，但仍然对待总统的治国最高大权心怀深深的敬畏，他不是欣喜若狂，而是胆战心惊、如履薄冰、诚惶诚恐。唯恐施政不当带来极为不利的后果，对待总统权力的行使采取了一种极其审慎的态度，寥寥数语将其对待总统权力带有十二分的敬畏之神态刻画得淋漓尽致。相反，如果无所畏惧将是非常可怕的，是最没有规则意识的表现，是最没有法治文化和法治意识的结果与体现。现在，常听人们提到社会中不少人缺少起码的职业道德和职业纪律，不按规则行事，自以为可以为所欲为，无所畏惧，甚至就连白衣天使、神圣的学校里也不时传出不和谐音符，令人不可思议却又是实实在在发生的。一则是湖南省某医院医生在手术台上给病人家属加价，不交钱不继续做手术，病人已经躺在手术台上被切开了伤口，就这样等着家属无奈交上一万六千元钱后，手术才得以继续进行。更为恶劣的是，当媒体记者去采访该医院医生时，拒绝采访也就罢了，竟然穿着洁白的医生服在医生的办公室里动手暴打女记者，确实骇人听闻。另一则是义务教育的小学校园里，面对花一样的幼小年龄的孩子们，不是出言粗野、粗俗，就是大发脾气，再有就是年幼童真的孩子不是被罚站就是被打骂。这两则新闻是非常令人震惊的，这些事情竟然发生在治病救人的圣洁的医院和教书育人的神圣的校园之中，当事者们的内心能有畏惧吗？又有什么规则法治可言呢？没有畏惧，就没有规矩方圆，表现出的就是为所欲为，没有底线的胆大妄为，当然谈不上有什么法治思维和法治意识，先是违法行事，再者行凶伤害，完全是一副法盲的嘴脸，与现在进行法治中国建设完全是背道而驰的，根本毫无法治精神。

心存敬畏才能使人产生发自内心的遵规守纪，从这种带有普遍性的意义上讲，现代法治建设迫切需要培育人们对法治的敬畏之心。因为只有心存对法治的敬畏，才能谈得上对法治的遵守和服从，才有可能谈得上对法治应有的认同态度，很难想象那种对法治没有一点敬畏之心的人会是一个遵守法治的人。其实，大学生对美国法院判处两名中国的留学生终身监禁是大受震撼的，只是因为他们在美国暴力殴打侮辱同为留学生的同胞同学。特别值得一提的是，就是那些在现场没有动手亲自施暴，只是旁观或者参与的留学生也是一样的遭受重罚，罪同施暴者一样，这种情况更是让这些大学生、留学生产生深深的畏惧感。心存敬畏才能很好地自我约束和自我提升，甚至是，心存敬畏才能更深刻地产生认同乃至于形成某种信仰。信仰是一种更高级的精神活动，是在认同和敬畏基础上才能形成的，包含着强烈的凝聚力和吸引力。认同和敬畏同样是一种不可忽视的精神力量，具有内在本质上的同质性。认同是一种内心的体认乃至于模仿和服从，是对比其地位高的人或物的一种认可、效仿和遵从；相比较而言，敬畏其实在某种意义上也是一种认同，只不过是因为敬畏给人更多感觉是一种须仰视才可见的重压，畏是畏惧和胆怯，敬也因畏而生威，当然首先是认可，而且是不得不认可，所以，敬畏是一种特殊的认同，对法治的敬畏之情能有效巩固法治认同的效果，敬畏法治本身就是一种对法治的认同，敬畏加大了法治认同的效力。反之，法治认同也能够有效培养对法治的敬畏之情，认同法治是对人们行为的约束，会使人们养成守法遵规的良好意识，也能让人们对法治生成更深刻的敬畏之情。因为越是认同法治，越能够更好地认识到法治的刚性和惩罚性，就越能够产生对法治的敬畏之情，毕竟认同法治的惩罚性就必然生成对法治的敬畏。法治认同和对法治的敬畏都是一种对法治的情感体验，具有了这种深刻的情感体验，法治教育和大学生思想政治教育才能产生比人们预期要好得多的具体效果。所以，推进当代大学生的法治认同不仅是法治中国建设的法治要求，也是大学生思想政治教育的时代要求；大学生的法治认同极大地推动了大学生思想政治教育的进一步发展和进步，对于提高大学生思想政治教育的实效性和长效性具有重要意义。尽管提高大学生思想政治教育的实效性也是一个常新的现实课题，但应该看到的是，在政治新常态、法治新常态、经济新常态、社会新常态下，大学生的法治认同为解决这一思想政治教育的基本理论问题提供了新的范式和新的视野，使这一命题更加具有时代性、前沿性、可操作性、发展性和未来趋势性。

附录　大学生法治认同调查问卷

1. 您的年龄是多少岁？

A. 18 岁以下 　　　　　　　　　　B. 19-30

C. 30-55 岁 　　　　　　　　　　D. 55 岁以上

2. 您的职业是？

A. 在校学生 　　　　　　　　　　B. 就业人员

C. 待业 　　　　　　　　　　　　D. 其他

3. 您知道自己的权利和义务吗？

A. 知道 　　　　　　　　　　　　B. 不知道

C. 了解一些 　　　　　　　　　　D. 知道能做什么，不能做什么

4. 您觉得是否要学习法律？

A. 很有必要，法律可以保护我们的权利 　B. 有必要，可以增强法律意识

C. 用不着，等我用到的时候再学 　　　　D. 跟我无关，不需要

5. 您是否经常关注法律新闻或者法律论坛？

A. 天天关注 　　　　　　　　　　B. 时常看看

C. 偶尔看看 　　　　　　　　　　D. 几乎不看

6. 您生活中的法律知识是从什么地方来的？

A. 书本 　　　　　　　　　　　　B. 新闻媒体

C. 家庭影响 　　　　　　　　　　D. 聊天、论坛

E. 自身或者他人经历

7. 当您或者您的家人受到侵害时，您首先想到的是？

A. 用法律维护利益 　　　　　　　B. 找关系解决

C. 暴力解决 　　　　　　　　　　D. 觉得委屈，但也没办法

8. 您认为法律执行的哪些监督是有作用的？

A. 政府监督 　　　　　　　　　　B. 新闻媒体监督

C. 执法机关的监督 　　　　　　　D. 家人或朋友的监督

E. 自己的监督

9. 您认为自己的法制观念怎样？

A. 很强 　　　　　　　　　　　　B. 一般

C. 有待提高 　　　　　　　　　　D. 很弱

10. 如何提高自身的法律观念？

A. 阅读有关法律的书籍 　　　　　B. 参加关于法律的讲座

C. 浏览法制新闻 　　　　　　　　D. 其他

参考文献

［1］张恒山．当代中国的法治观念［J］．理论视野，2014（11）．

［2］吕廷君．法律生长与民族复兴［J］．法学论坛，2016，7（04）．

［3］苗金春．法律实用主义的进路及其贡献——司法能动主义的理论渊源［J］．学术界，2018（4）．

［4］王春风．从法律工具主义论法律信仰的缺失［J］．法制与社会，2011（28）．

［5］胡国梁．积极守法．一个被忽视的法治维度［J］．人大复印资料《法理学、法史学》，2015．

［6］殷啸虎，朱应平．论消极法治和积极法治的互动与平衡［J］．法学评论，2013．

［7］李春明，王金祥．以法治认同替代法律信仰——兼对法律不能信仰论题的补充性研究［J］．山东大学学报哲学社会科学版，2018（6）．

［8］魏治勋．消极法治的理念与实践路径［J］．人大复印资料《法理学、法史学》，2014．

［9］包心鉴．开启社会主义民主和法治新时代——法治中国建设的当代政治价值［J］．党政研究，2015．

［10］占茂华．论西方近代自然法观念及现代法治价值［J］．河北法学，2015．

［11］俞睿，皋艳．公民意识．中国政治现代化的驱动力［J］．求实，2006．

［12］张康之，张乾友．对人民社会和公民国家的历史考察［J］．中国社会科学，2018．

［13］仰海峰．超越人民社会与国家．从政治解放到社会解放——马克思的国家与人民社会理论探析［J］．东岳论丛，2015．

［14］马成山．中国法治进路的根本面向与社会根基——对人民社会理论法治

观质疑的简要回应[J]．法律科学（西北政法学院学报），2013．

[15]姚建宗．生活的场景与法治的向度[J]．吉林大学社会科学学报，2018．

[16]王慧扬．论当代中国社会主义法治观[J]．贵州师范大学学报·社会科学版，2014．

[17]宋玉波．政党束手束脚可让国家少走弯路——习近平法治思想蕴含的新意[J]．人民论坛，2013．

[18]李晖．法律·法制·法治——公民的法律意识与法治认同[J]．社会心理科学，2015．

[19]龚廷泰．法治文化的认同．概念、意义、机理与路径[J]．法制与社会发展，2014．

[20]李春明、张玉梅．当代中国的法治认同．意义、内容及形成机制[J]．山东大学学报哲学社会科学版，2017．

[21]饶世权．如何提高法治政府建设的公众认同[J]．中国党政干部论坛，2014．

[22]周光权．公众认同、诱导观念与确立忠诚——现代法治国家刑法基础观念的批判性重塑[J]．法学研究，2018．

[23]陈玉祥．法治原则认同与国家软实力[J]．法制与社会，2014．

[24]李春明.人民社会视角下当代中国法治文化认同[J]．山东大学学报哲学社会科学版，2019．

[25]李翔．对现行正式法文化属性的一种反思——以当代中国民间习惯法的情理观为出发点[J]．中华文化论坛，2011．

[26]王会军．中国特色社会主义法治理念研究[D]．长春：东北师范大学，2014．

[27]李永忠．马克思人民社会理论视阈下的中国公民社会建设[D]．成都：西南交通大学，2019．

[28]夏丹波．公民法治意识之生成[D]．北京：中共中央党校，2015．

[29]陈洁．我国大学生法治教育研究[D]．上海：复旦大学博士论文，2012．

[30][英]约翰·穆勒；徐大建译. 功利主义[M]. 北京：商务出版社，2014.

[31][德]黑格尔；贺麟译. 小逻辑[M]. 北京：商务印书馆，2017.

[32][法]卢梭；李平沤译. 社会契约论[M]. 北京：商务印书馆，2018.

[33][英]梅因；沈景一译. 古代法[M]. 北京：商务印书馆，2018.

[34][美]罗斯科·庞德；陈林林译. 法律与道德[M]. 北京：商务印书馆，2018.

[35][美]塞缪尔·亨廷顿，劳伦斯·哈里森；程克雄译. 文化的重要作用——价值观如何影响人类进步[M]. 北京：新华出版社，2018.

[36][美]富勒；郑戈译. 法律的道德性[M]. 北京：商务印书馆，2015.

[37][美]艾伦·德肖维茨；黄煜文译. 你的权利从哪里来？[M]. 北京：北京大学出版社，2018.

[38][英]霍布斯；黎思复，黎廷弼译. 利维坦[M]. 北京：商务印书馆出版，2014.

[39][美]理查德·A. 波斯纳；苏力译. 法理学[M]. 北京. 中国政法大学出版社，1994.

[40][古希腊]亚里士多德；吴寿彭译. 政治学[M]. 北京：商务印书馆，1983.

[41][美]哈罗德·J. 伯尔曼；梁治平译. 法律与宗教[M]. 北京：三联书店，1991.

[42][战国]韩非. 韩非子[M]. 哈尔滨：北方文艺出版社，2014.

[43]卢建军. 法治认同生成的理论逻辑[M]. 北京：法律出版社，2014.

[44]沈壮海. 文化软实力及其价值之轴[M]. 北京：中国出版集团，中华书局出版，2013.

[45]刘哲昕. 法治才是硬道理——从法治思维到命运共同体[M]. 北京：法律出版社，2015.